| 스터디 가이드 |
나의 트레이딩 룸으로 오라

스터디 가이드

나의 COME INTO MY
트레이딩 룸으로
TRADING ROOM 오라!

알렉산더 엘더 지음 조윤정 옮김

이레미디어

주식, 옵션, 선물에 돈을 쏟아 붓는 수백만 명의 사람들을 생각해보라. 그중 거래 관련 서적을 한 권이라도 읽은 사람은 아마 1퍼센트도 안 될 것이다. 그리고 더 파고들어 공부하거나 테스트를 해서 자신의 실력을 늘리려고 하는 사람은 그중에서도 지극히 소수에 불과할 것이다. 이 스터디 가이드로 당신의 실력을 평가하고, 공부하고, 또 필요한 경우 되풀이해서 테스트를 한다면 당신은 지극히 소수에 불과한 실력자들 가운데 낄 수 있을 것이다.

강의실에 앉아 고개를 끄덕여가며 모든 것을 다 이해하고 있다고 생각하기는 쉽다. 하지만 한 주나 한 달 뒤에 누군가 그 강의에 관해 질문을 한다면 어떻게 될까? 당신은 대답을 할 수 있을까? 아니면 그때쯤이면 모든 걸 다 까먹었을까?

내가 이 책을 쓰는 데는 3년이 걸렸지만, 읽는 데는 단 며칠이면 충분할 것이다. 당신은 한 번 훑어봄으로써 그 책의 모든 가치를 깨달을 수 있을 것이라고 보는가? 아니면 다시 읽고 거듭 생각해보면서 중요한 부분이나 단락에는 밑줄까지 그을 생각인가? 나는 당신이 내 책에서 중요한 개념들을 파악하고, 자신의 맹점을 발견하고, 거래에 관해 보다 깊은 이해를 얻을 수 있도록 이 스터디 가이드를 만들었다.

이 워크북을 대충 훑어보지 말기 바란다. 한 번에 한 장후씩 문제를 풀어보고 완전히 알 때까지 반복해서 본책의 해당 내용을 찾아 읽어보라. 그러고 나서 다음 장으로 넘어가라. 이 책을 다 보는 데 몇 주가 걸린다고 해서 문제 될 것은 하나도 없다. 속도보다 깊이가 중요하다.

알렉산더 엘더

당신은 맨 앞장인 '물가의 아기를 위한 금융 거래'에서 거래의 기본에 관해 질문을 받을 것이다. 효율적 시장 이론, 계좌 규모, 성공의 외부 장벽뿐만 아니라 시장 데이터와 분석의 종류에 관한 질문이 나올 것이다. 각 장마다 앞에 나와 있는 표에 점수를 기입하라. 높은 점수를 받으면, 다음 장으로 넘어가라. 하지만 점수가 낮으면 앞으로 나아가기 전에 본책『나의 트레이딩 룸으로 오라!: 알렉산더 엘더의 신新 심리투자기법』으로 돌아가 기본적인 사항에 관해 다시 공부해야 한다.

　　일단 기본 사항에 관해 충분히 알았다면 성공적인 거래를 위한 세 가지 M에 관해 배울 때가 된 것이다. 우선 정신Mind부터 시작한다. 두 번째 장의 질문들로 거래 심리, 손실의 원인, 거래의 자세, 자제심에 관해 테스트한다. 표에다 점수를 기입하라. 점수가 높다면 다음으로 넘어가라. 그렇지 않다면 본책을 펼쳐라. 많은 똑똑한 사람들이 거래에서 실패를 경험하는데, '정신'이 시장에 맞추어져 있지 않으면 어떤 기술적 도구도 도움이 되지 않음을 보여준다.

　　두 번째 M, 기법Method은 몇 개 장에서 다루고 있다. 첫째로 기본 차트 해석에 관한 장에서는 고전적인 기술적 분석에 관한 질문들이 나온다. 지표에 관한 다음 장은 이동평균, 채널, MACD, 강도지수, 엘더-레이, 스토캐스틱에 관한 질문들로 이루어져 있다. 거래에 관한 그다음 장은 시스템 테스트, 시간 스케일, 삼중 스크린에 관해 묻는다. 당신이 데이 트레이딩을 하지 않는다면, 데이 트레이딩에 관한 장은 건너뛰어도 괜찮다. 기법에 관한 마지막 장에는 본책에서 설명하고 있는 새로운 혁명적 기법, 즉 임펄스 시스템 기법과 안전영역 손실제한주문 기법에 관한 질문들이 준비되어 있다.

자금관리money, 즉 세 번째 M은 승자와 패자를 구분 지어주는 핵심적인 기술이다. 이 장에서 당신은 2퍼센트와 6퍼센트 원칙, 시스템에 대한 기대, 포지션 규모에 관한 질문을 만날 것이다. 각 질문에 대해 정확하게 대답하고, 만약 답이 틀렸을 경우 본책을 펼쳐보기 바란다. 이 장은 답을 다 맞히지 않고 넘어가서는 절대 안 된다!

이 스터디 가이드는 체계 잡힌 거래자라는 장으로 끝을 맺는다. 성공에 관해 진지하게 생각하는 거래자는 의사결정 과정과 기록의 작성·관리를 체계화해야 한다. 이 장의 질문들은 자본곡선, 거래 스프레드시트, 거래일지 같은 거래 기록을 다룬다. 시간관리, 우선순위 설정, 성적 평가에 관한 질문 역시 이 장에 포함되어 있다.

스터디 가이드의 차트들은 분석의 핵심 사항들을 설명하는 데 그치지 않는다. 차트를 보다 보면 오른쪽 가장자리에서는 늘 '여기서는 어떻게 해야 하나?' 하는 의문이 일어난다. 그래서 이 책에 나오는 각 차트에는 오른쪽 가장자리에서 어떻게 해야 하는가 하는 질문을 던지고 답을 제시했다. 차트의 한가운데서는 거래 신호들이 분명하게 보이지만, 오른쪽으로 가면 갈수록 상황은 짙은 안개가 낀 것처럼 애매해진다. 당신은 불확실성 속에서 바로 차트의 맨 끝에서 거래에 관한 결정을 내려야 한다. 이 스터디 가이드는 사람들이 돈을 벌거나 혹은 잃는 이 중요한 장벽 앞에서 당신이 옳은 결정을 내릴 수 있도록 도와줄 것이다.

질문에 답하고 훈련을 하는 데 시간을 들여라. 몇몇 질문은 어려울 수 있지만, 열심히 공부하여 난관을 돌파하기 바란다. 신병 훈련소는 신병들에게는 너무 가혹하다고 생각될지 모르지만, 어쨌거나 병사들이 전투에서 살아 돌아올 수 있도록 단련을 시키는 곳 아닌가.

차례

4부 | 거래 사례: 해답 및 평가

PART 01

거래 기법 마스터: 질문

COME INTO MY TRADING ROOM

CHAPTER 01

물가의 아기를 위한
금융 거래

거래는 진지한 사업이다. 집을 짓거나 미적분을 가르치는 것보다 조금도 덜 진지할 수 없다. 성공적인 거래를 위해서는 똑똑하고 명석한 것만으로는 충분치 않다. 시장의 역학과 분석 및 리스크 관리의 필수 원칙들을 이해해야 한다.

최초의 거래를 하기 전에 당신은 핵심적인 사실과 원칙을 배워야 한다. 스터디 가이드의 첫 번째 장에서는 이런 개념 몇 가지를 당신이 제대로 알고 있는지 테스트해볼 것이다. 8가지 질문을 보고 답을 적어라. 그러고 나서 해답 부분으로 가서 당신이 쓴 답이 맞았는지 확인하고, 점수표의 첫 번째 세로줄에 각각의 대답에 해당하는 점수를 적어라. 5개의 세로줄이 있으므로,

나중에 테스트를 다시 해서 결과를 비교하면 자신의 실력이 전보다 얼마나 나아졌는지 알 수 있을 것이다.

	테스트 1	테스트 2	테스트 3	테스트 4	테스트 5
질문 1					
질문 2					
질문 3					
질문 4					
질문 5					
질문 6					
질문 7					
질문 8					
점수 합계					

001 ## 질문 1. 의사결정

다음 각 항의 의사결정 과정이 어떤 부류의 거래자에 해당하는지 아래에서 찾아라.

1. 파티에서 정보를 듣고 다음날 아침 주식을 산다.

2. 파티에서 정보를 듣고 다음날 아침 그 주식과 해당 산업군을 조사한다.

3. 파티에서 몇몇 사람들이 어떤 주식에 관해 얘기하는 것을 듣고 공매도 거래를 할 수 있지 않나 싶어 컴퓨터 창에 그 주식의 정보를 띄워본다.

4. 유명한 투자자가 나오는 TV 쇼 프로그램을 본 뒤 그가 언급한 주식을 산다.

5. 어떤 하이테크 회사의 실망스런 실적 발표에 대한 뉴스를 읽고 다음날 그 주식의 가격이 어떤 반응을 보였는지 알아보기 위해 차트를 펼친다.

6. 어떤 저가 주식의 회사에서 일하는 친척이 전화를 걸어와 아직 외부에 발표하지는 않았지만 자신의 회사가 놀랄 만한 기술적 혁신을 달성했다고 하자 그 주식을 산다.

    A. 투자자

    B. 거래자

    C. 도박꾼

002 ## 질문 2. 효율적 시장 이론

다음 각 항의 설명은 효율적 시장 이론에 관한 것이다. 어떤 것이 옳고 어떤 것이 틀린가?

1. 모든 거래자들은 수익을 최대화하고 손실을 최소화하기 위해 노력한다.

2. 한 차례의 거래 결과는 대개 운에 좌우된다.

3. 일 년간 활발한 거래를 하고 나서 계좌 총액이 증가했다면, 그 사람은 매우 운이 좋은 것이다.

4. 많은 사람들이 있는 방 안에서 거래를 하면 객관적인 결정을 내릴 확률이 높아진다.

5. 시장은 변동성이 낮을수록 효율적이다.

질문 3. 거래의 선택

다음의 각 항에 해당하는 거래 조건을 아래에서 찾아라.

1. 이 지점을 찾는 것이 거래에서 가장 어려운 측면이다.

2. 상승이 가속화되었을 때 매수하고, 속도를 잃을 때 매도한다.

3. 이것은 미리 계획을 세워둬야 한다. 시장의 뒤를 좇지 말라.

4. 이것은 종종 거래에서 가장 무시되고 있는 측면이다.

5. 하락 돌파했던 시장이 다시 거래 범위 쪽으로 돌아올 때 매수하고 거래 범위 안에서 청산한다.

   A. 역추세 거래

   B. 진입

   C. 자금관리

   D. 모멘텀 거래

   E. 청산

004 질문 4. 주식, 옵션, 선물

다음의 각 항에 해당하는 거래 대상을 아래에서 하나 이상 찾아라.

1. 매수자는 거래 대상, 가격, 시간을 모두 정확히 선택해야 한다.

2. 이것은 기업 소유의 인증서다.

3. 자금관리 기술이 성공에 필수적이다.

4. 이것은 미래의 인도를 위한 계약이다.

5. 싸게 사는 것은 좋지만, 내려갈 때 사는 것은 좋지 않다.

    A. 주식

    B. 선물

    C. 옵션

005 질문 5. 성공의 장벽

다음의 각 항의 설명에 맞는 성공의 장벽을 아래의 예 가운데서 하나 이상 찾아라.

1. 합하면 시장 추세보다 계좌 총액에 더 많은 영향을 미친다.

2. 계좌 총액의 작은 일부로 제한하도록 관리해야 한다.

3. 시장가 주문을 낸 가격과 주문이 이행된 가격 사이의 차이다.

4. 계좌에서 의미 없는 비율이다.

5. 시장에 들어가기 위한 불가피한 비용이다.

    A. 수수료

    B. 체결오차

    C. 부대 비용

    D. 없음

006 질문 6. 계좌 규모

다섯 명의 거래자가 비슷한 수준의 실력을 갖고 있고 시장에 진입하며, 모두 손실제한주문을 활용한다. 누가 가장 높은 수익률을 기록하겠는가?

1. 계좌 총액 50,000달러, 거래당 최대 손실 허용액 5,000달러

2. 계좌 총액 15,000달러, 거래당 최대 손실 허용액 1,500달러

3. 계좌 총액 250,000달러, 거래당 최대 손실 허용액 50,000달러

4. 계좌 총액 50,000달러, 거래당 최대 손실 허용액 1,000달러

5. 계좌 총액 250,000달러, 거래당 최대 손실 허용액 5,000달러

007 질문 7. 시장 데이터
다음 중 옳은 항을 골라라.

1. 실시간 데이터는 진입과 청산의 적절한 타이밍을 선택하는 데 필수적이다.

2. 더 많은 시장을 추적할수록 거래로 더 많은 돈을 벌 수 있다.

3. 자신이 추적하는 주식의 실적 발표는 늘 알고 있어야 한다.

4. 선물은 생산비 아래에서 매도가 이루어질 수 있다.

5. 12개월분의 일간 차트가 있으면 주간 차트는 필요 없다.

6. 좋은 소프트웨어는 거래자의 일천한 경험을 보완해준다.

    A. 1과 2

    B. 2와 3

    C. 3과 4

    D. 4와 5

    E. 5와 6

008 질문 8. 분석의 종류
각 항에 해당하는 분석의 종류를 아래에서 찾아라.

1. 경제의 수요와 공급을 연구한다.

2. 미래의 가격을 예측한다.

3. 군중 행동을 연구한다.

4. 완전히 자동화될 수 있다.

5. 거래에 관한 결정의 토대가 된다.

   A. 기본적 분석

   B. 기술적 분석

   C. 둘 다

   D. 해당 없음

CHAPTER 02

정신 – 자제심을 갖춘 거래자

개개인의 성격은 거래의 성공에 핵심적인 요소다. 생각, 감정, 자세는 계좌 총액의 증가 혹은 감소에 즉각적이고 직접적인 영향을 미친다. 거래자의 정신이 혼란스러우면 어떤 대단한 컴퓨터나 어떤 방대한 기술적 지식을 갖췄다 해도 아무런 도움이 되지 않는다.

언젠가 기회가 된다면 작고한 위대한 영화감독 안드레이 타르코프스키의 「솔라리스」라는 영화를 한번 보기 바란다. 이 SF 영화에서 과학자들의 침입에 직면한 어떤 혹성은 방어를 위해 과학자들의 정신에 파고든다. 그래서 그들의 가장 고통스런 기억을 외부로 뽑아낸 다음, 현실에서 그들의 경험을 재창조한다. 이 때문에 과학자들은 그 혹성과 접촉하기 전에 자신의 기억들과 대면하여 오래된 개인적 갈등들을 해결해야 했다. 우리의 정신 깊은 곳을 파고들어 우리의 약점을 발견하고 그곳을 공격한다는 점에서 시장은 그 혹성과 비슷하다고 할 것이다.

탐욕, 공포, 경솔함, 게으름, 그리고 작위와 부작위의 죄는 대부분의 사람들로 하여금 성공적인 거래를 이어나가기 어렵게 만들거나 불가능하게 만든다. 당신은 거울을 통해 스스로를 들여다보아야 한다. 자신의 행동을 기록하고, 자신이 무슨 잘못을 저질렀는지 인식하고, 잘못된 자세를 바로잡아야 한다. 성공적인 거래자가 된다는 것은 더욱 균형 있고 성숙한 인간이 된다는 것을 의미한다.

	테스트 1	테스트 2	테스트 3	테스트 4	테스트 5
질문 9					
질문 10					
질문 11					
질문 12					
질문 13					
질문 14					
질문 15					
질문 16					
질문 17					
질문 18					
점수 합계					

009 **질문 9. 왜 거래를 하는가?**

사람들은 많은 이유로 거래를 한다. 어떤 사람들의 이유는 이성적이고, 또 어떤 사람들의 이유는 비이성적이다. 합리적이라고 생각되는 이유 두 가지를 찾아라.

1. 도전과 모험을 필요로 한다.

2. 리스크 없는 투자로부터 얻을 수 있는 돈보다 더 많은 돈을 원한다.

3. 직장에 다니는 일이 끔찍하게 지겹다.

4. 자신이 지금까지 만나봤던 대부분의 사람들보다 똑똑하다고 생각한다.

5. 돈을 벌고 싶다.

    A. 1과 3

    B. 4와 5

    C. 2와 5

    D. 2와 3

010 **질문 10. 거래 심리**

다음 각 항을 보고 이와 같이 말했을 것 같은 거래자를 아래의 예 가운데서 골라라.

1. 중개인이 이 주식은 분할 전에 늘 3~4포인트 오르더라고 했어.

2. 내 투자 상담사의 모델 포트폴리오는 작년에 45퍼센트 상승을 기록했죠. 당신의 경우는 어떤가요? 얼마만한 상승률이었죠?

3. 연방준비제도이사회가 금리를 올려 시장에 충격을 줄지 누가 알았겠냐?

4. 이 주식은 지난 2년간을 따져볼 때 지금 최저가 수준이야. 더 이상 내려갈 수 없지.

    A. 소망적 사고에서 벗어나지 못한 거래자

B. 이른바 주식의 대가들을 비난할 준비가 되어 있는 거래자

C. 뉴스에 지나치게 민감한 거래자

011 질문 11. 손실의 원인
거래자로 하여금 시장을 떠나게 만드는 주된 원인은 무엇인가?

1. 무지
2. 자기파괴 성향
3. 자본 부족
4. 나쁜 조언

    A. 1

    B. 1과 2

    C. 1, 2, 3

    D. 모두 해당

012 질문 12. 알코올 중독자와 주식 실패자
다음에서 알코올 중독자와 주식 실패자의 유사점이라고 할 수 없는 것은 무엇인가?

1. 자신이 술주정뱅이 혹은 패배자라는 사실과 대면하기를 거부한다.
2. 얼마나 많이 술을 마시는지 혹은 얼마나 많이 손실을 보는지 깨닫지 못한다.
3. 보통 소화불량이나 발기부전 같은 문제를 겪는다.
4. 가족과 친구들의 개입으로 도움을 얻을 수 있다.

013 ## 질문 13. 사업상의 리스크

사업상의 리스크와 손실 사이에는 유사점뿐만 아니라 차이점도 있다. 다음의 각 항은 둘 중 어느 것에 해당하는가? 또 어떤 항이 둘 모두에 해당하거나 아니면 둘 중 어떤 것에도 해당하지 않는가?

1. 계좌의 자본에 피해를 입힌다.

2. 예상치 못하게 발생한다.

3. 계좌에서 차지하는 백분율에 따라 결정된다.

4. 거래자의 생존에 영향을 끼치지 않는다.

  A. 사업상의 리스크

  B. 손실

  C. 둘 다

  D. 둘 다 해당 없음

014 ## 질문 14. 거래의 진실

다음의 모든 항은 두 가지만 제외하고 모두 거래에 적용된다. 그 둘을 골라라.

1. 무척 큰 재미를 얻을 수 있다.

2. 거래의 성공에 관한 비밀을 알면 대박을 터뜨릴 수 있다.

3. 위험한 전투와도 같다.

4. 대부분의 게임보다 승산이 높다.

5. 틈틈이 하기에 좋다.

  A. 1과 4

  B. 2와 5

  C. 2와 3

  D. 3과 5

015
질문 15. 거래에 관한 자세
성숙한 거래자의 자세를 골라라.

1. 스스로 결정한다.

2. 손실에 대한 책임을 전적으로 받아들인다.

3. 시장의 군중에서 벗어나 홀로서기를 할 수 있다.

4. 모든 시장 상황에 대해 행동 계획을 마련해놓고 있다.

5. 기꺼이 자신의 지식과 정보를 남들에게 알려줄 마음의 자세가 되어 있다.

    A. 1

    B. 1과 2

    C. 1, 2, 3

    D. 1, 2, 3, 4

    E. 모두 해당

016
질문 16. 자제심
자제심을 갖춘 거래가 의미하는 것을 골라라.

1. 매수 및 매도에 관한 원칙을 작성해둔다.

2. 자신이 거래하는 시장의 과거 데이터에 대해 이익 실현과 손실제한주문 지정에 관한 원칙을 테스트해본다.

3. 모든 거래를 위한 철저한 기록 작성 · 보관 시스템을 만든다.

4. 거래를 하든 않든 관심 목록에 올라 있는 주식의 가격을 매일 체크한다.

5. 보유 중인 포지션에 관해서는 누구에게도 얘기하지 않는다.

    A. 1

    B. 1과 2

    C. 1, 2, 3

D. 1, 2, 3, 4

E. 모두 해당

017 질문 17. 기록

기록 작성과 관리에 관한 다음의 각 설명이 무엇에 관한 것인지 아래에서 찾아라.

1. 거래에서 발생한 문제와 거래에서 이룬 성과를 검토할 수 있다.

2. 진입 시점 및 청산 시점, 체결오차와 수수료에 관해 기록한다.

3. 빠뜨리지 않고 제때에 기록한다.

4. 계좌의 총 가치를 추적한다.

5. 진입 시점과 청산 시점을 표시한 차트를 보관해둔다.

A. 거래일지

B. 자본곡선

C. 기록을 작성하여 얻을 수 있는 이득

D. 거래 스프레드시트

E. 자제심이 있는지 여부를 보여준다.

018 질문 18. 거래하는 법을 배우기 위한 과정

거래하는 법을 배우려면 오랜 과정이 필요하다. 이에 관한 올바른 설명 두 가지를 골라라.

1. 초보자가 거액의 계좌를 갖고 있으면 거래를 야무지게 하지 못한다.

2. 더 많은 시장을 거래할수록 더 빨리 배운다.

3. 거래에서 흥분한다는 것은 그만큼 수익을 낼 가능성이 크다는 증거다.

4. 모든 거래에서 자신의 성적을 평가하는 것이 도움이 된다.

5. 돈을 버는 것이 거래하는 법을 배우는 것보다 더 중요하다.

    A. 1과 3

    B. 3과 5

    C. 3과 4

    D. 2와 5

    E. 1과 4

CHAPTER 03

기본적인
차트 해석

차트 없이 거래를 하는 것은 카드를 보지 않고 포커를 치는 것이나 마찬가지다. 차트 해석을 배우는 것은 매우 중요하다. 차트가 매수 세력과 매도 세력 간의 끝나지 않는 싸움에 대해 많은 것을 얘기해주기 때문이다. 그들의 움직임을 추적하고 싶다면 차트에서 그들의 발자국을 읽을 줄 알아야 한다.

태어나서 한 번도 도시를 벗어나본 적이 없는 두 사람이 숲속을 산책하고 있었다. 한 명이 말했다. "이것 봐, 곰 발자국이야!" "바보 같은 소리 하지 마." 다른 사람이 말했다. "이건 소 발자국이야." 그때 기차가 그들을 치고 지나갔다(곰을 의미하는 bear는 매도 세력을 뜻하고, 소를 의미하는 bull은 매수 세력을 뜻한다—옮긴이). 누구든 그 발자국을 볼 수는 있지만, 그 발자국이 누구 것인지 분간하는 데는 지식과 경험이 필요하다.

차트의 한가운데서 가격 패턴을 인식하는 법을 배우고 나서는 관심을 오른쪽 가장자리로 옮겨가라. 차트의 가운데는 배우는 곳이고 오른쪽 가장자리는 거래하는 곳이다. 오른쪽 가장자리에서 결정을 한다는 것은 정보가 아직 불완전한 상태에서 행동을 한다는 것을 의미한다. 몇 가지 세부 사항만을 보고 전체 그림을 파악할 수 있는 능력은 전문 거래자의 중요한 특징이다. 자동 거래 시스템이 제대로 된 기능을 할 수 없는 것은 이런 이유 때문이다. 기계는 불완전한 정보를 근거로 결정을 내리는 데는 사람만 못하다. 말할 필요도 없겠지만, 차트의 오른쪽 가장자리에서 행동하기 위해서는 리스크 관리가 제대로 되어야 한다.

	테스트 1	테스트 2	테스트 3	테스트 4	테스트 5
질문 19					
질문 20					
질문 21					
질문 22					
질문 23					
점수 합계					

질문 19. 가격

가격에 관한 다음의 설명 중 틀린 것을 골라라.

1. 매수자들이 기꺼이 지불하려는 것
2. 매도자들이 기꺼이 받아들이려는 것
3. 가치에 대한 일시적인 합의
4. 가치와 동일하다.
5. 시장 밖에 있는 거래자는 관련되어 있지 않다.

    A. 1과 2

    B. 3과 4

    C. 4와 5

질문 20. 바차트

각 바에 나타나는 다음의 가격 지점들에 해당하는 설명을 아래에서 찾아라.

1. 고가
2. 저가
3. 시가
4. 종가

    A. 해당 바에서 나타나는 매도 세력의 최대 강도

    B. 일간 차트와 주간 차트에서 아마추어들의 판단을 반영할 가능성이 크다.

    C. 해당 바에서 나타나는 매수 세력의 최대 강도

    D. 일간 차트와 주간 차트에서 전문가들의 판단을 반영할 가능성이 크다.

질문 21. 기본적인 차트 해석

다음 각 항의 패턴을 그림 3.1에서 찾아 해당하는 알파벳을 적어라.

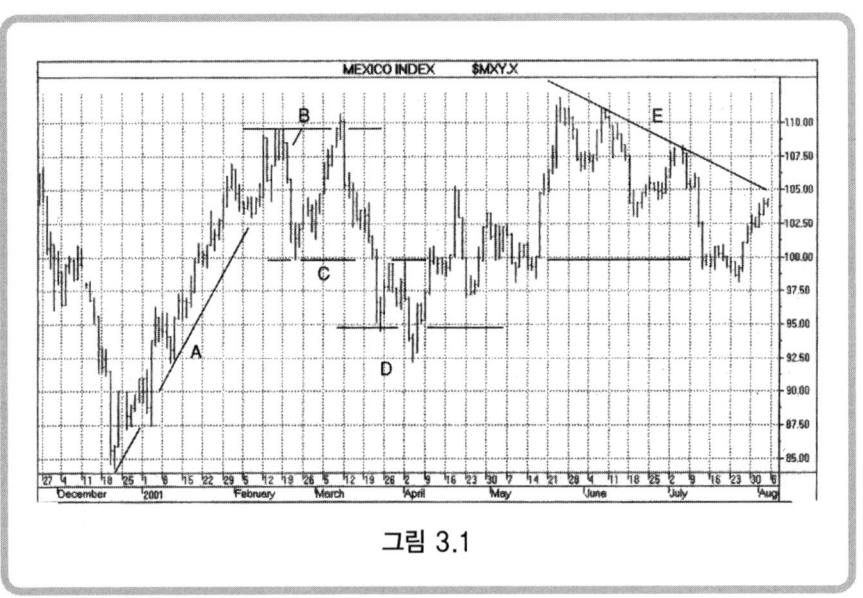

그림 3.1

1. 지지선
2. 저항선
3. 상승 추세선
4. 하락 추세선
5. 가짜 돌파가 발생한 이중 천정
6. 가짜 돌파가 발생한 이중 바닥

보너스 질문 ● 차트의 오른쪽 가장자리에서 당신은 상승세를 예상하는가 아니면 하락세를 예상하는가? 아니면 판단을 유보하겠는가? 설명해보라.

질문 22. 기본적인 차트 해석

022 다음 각 항의 패턴을 그림 3.2에서 찾아 해당하는 알파벳을 적어라.

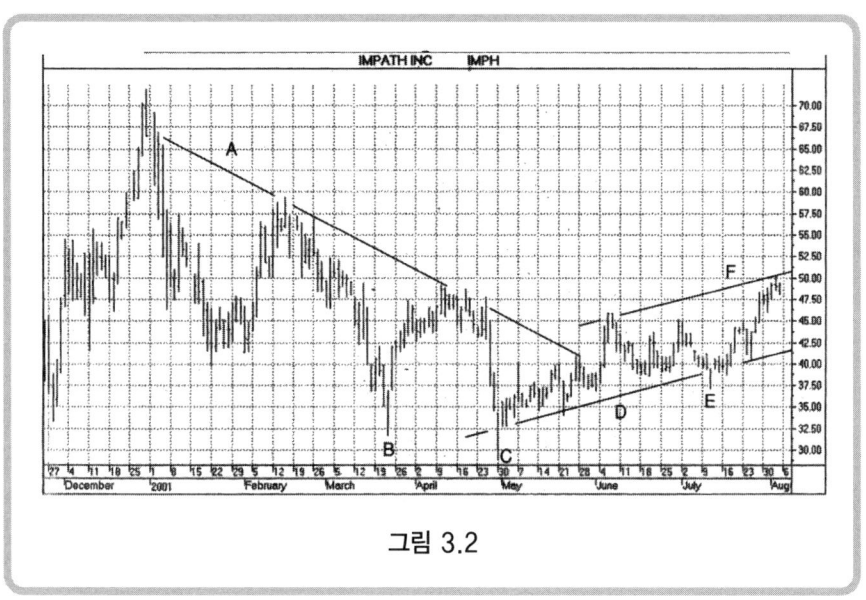

그림 3.2

1. 상승 추세선
2. 하락 추세선
3. 꼬리(캥거루 꼬리)
4. 채널선

보너스 질문 ● 차트의 오른쪽 가장자리에서 당신은 상승세를 예상하는가 아니면 하락세를 예상하는가? 아니면 판단을 유보하겠는가? 설명해보라.

질문 23. 기본적인 차트 해석

다음 각 항에서 말하는 패턴을 그림 3.3에서 찾아 해당하는 알파
벳을 적어라.

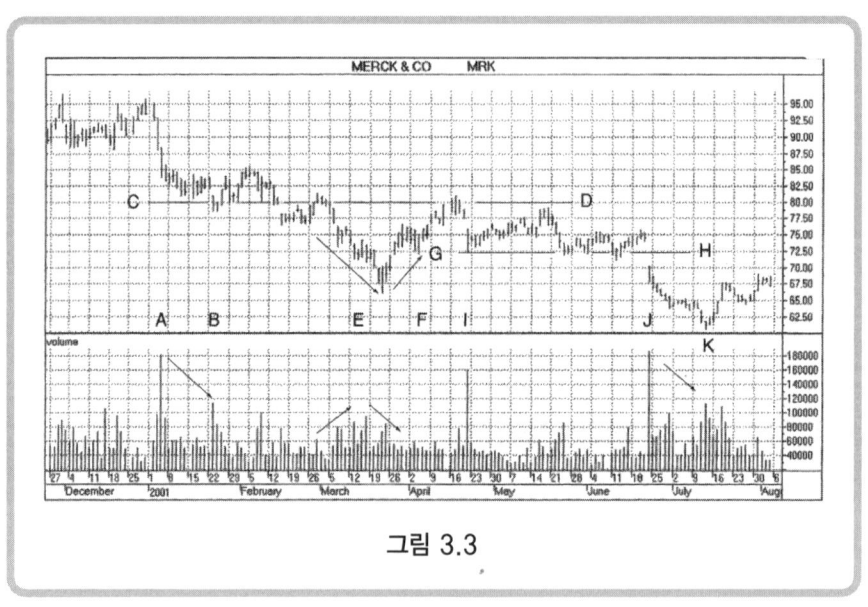

그림 3.3

1. 지지선/저항선

2. 거래량 스파이크

3. 거래량 증가가 추세를 확인시켜줌

4. 거래량 감소가 추세 약화를 확인시켜줌

5. 다이버전스

보너스 질문 ● 차트의 오른쪽 가장자리에서 당신은 상승세를 예상하는가
아니면 하락세를 예상하는가? 아니면 판단을 유보하겠는가? 설명해보라.

CHAPTER 04

지표 — 다섯 발의 탄환

운전을 할 수 있는데 왜 걷는가? 굴착기가 있는데 왜 삽과 곡괭이를 사용하는가? 현대의 전산화된 분석 덕분에 거래자들은 고전적인 차트 해석 방법보다 더 깊이 시장을 조사하고 더 객관적인 결정을 내릴 수 있게 되었다.

하지만 전산화된 분석이 성공을 보장하지는 않는다. 현대의 건설 장비들이 더 견고한 건물의 건설을 보장해주지 않는 것과 똑같다. 당신은 도구를 사용할 줄 알아야 한다. 하지만 마법을 꿈꾸어서는 안 된다. 다른 사람들이 파는 툴을 구입하여 수익을 낼 수 있다고 믿어서는 안 된다. 당신은 스스로 현대의 전산화된 도구를 활용하여 좋은 거래 기회를 찾아야 한다.

현대의 노트북은 특수한 에어컨 시설과 서비스 기술 팀을 필요로 했던 최초의 컴퓨터들보다 훨씬 더 강력한 성능을 자랑한다. 현대의 기술적 분석 소프트웨어는 달마다 더 저렴해지는 한편 더 강력해지고 있다. 노련한 거래자는 전산화된 분석을 배워야 한다. 전산화된 기술적 분석의 주된 도구가 바로 기술적 지표다.

	테스트 1	테스트 2	테스트 3	테스트 4	테스트 5
질문 24					
질문 25					
질문 26					
질문 27					
질문 28					
질문 29					
질문 30					
질문 31					
질문 32					
질문 33					
질문 34					
질문 35					
질문 36					
질문 37					
질문 38					
질문 39					
점수 합계					

024

질문 24. 소프트웨어

다음의 각 항에서 툴박스에 해당하는 소프트웨어와 블랙박스에 해당하는 소프트웨어를 찾아라.

1. 알려져 있지 않은 거래 규칙을 포함하고 있는 소프트웨어

2. 데이터 투입을 필요로 하는 소프트웨어

3. 규칙을 따를 경우 이익을 보장해주는 소프트웨어

4. 매수 세력과 매도 세력 간 힘의 균형을 보여주는 소프트웨어

    A. 툴박스

    B. 블랙박스

    C. 둘 다

    D. 해당 사항 없음

025

질문 25. 지표

추세추종 지표는 시장이 관성에 따라 어떤 방향으로 움직이고 있는지 보여준다. 따라서 우리는 이 지표를 통해 추세를 확인할 수 있다. 오실레이터는 시장이 과매수 상태나 과매도 상태에 있다는 것을 보여주므로 이를 이용하면 반전 영역을 확인할 수 있다. 다음의 지표들은 각각 어떤 종류에 속하는지 답하라.

1. 이동평균

2. MACD 히스토그램

3. 스토캐스틱

4. MACD선

5. 강도지수

    A. 추세추종 지표

    B. 오실레이터

질문 26. 시간

다음은 시장의 시간에 관한 설명이다. 옳은 것과 틀린 것을 골라라.

1. 일간 차트의 메시지는 주간 차트의 메시지보다 중요하다.
2. 다양한 시간 스케일의 차트를 분석하는 것이 심층적인 시장 분석에서 필수적인 일이다.
3. 데이 트레이더는 주간 차트를 필요로 한다.
4. 전략적인 결정은 단기 차트를 보고 결정한다.
5. 주가 상승 구간이 하락 구간보다 길 경우 매수 세력이 더 강력하다는 뜻이다.

    A. 옳음

    B. 틀림

질문 27. 이동평균

이동평균에 관한 다음의 각 설명들을 아래의 항들과 짝지어라.

1. 이동평균에서 가장 중요한 메시지
2. (고가 + 저가 + 종가) / 3
3. 더 긴 기간으로 이동평균을 구한다.
4. 과거 데이터의 비중이 작아진다.
5. 상승 중인 이동평균 근처에서 매수한다.

    A. 특히 데이 트레이더에게 유용하다.

    B. 속임수 신호를 감소시킨다.

    C. 가치 거래

    D. 이동평균의 기울기

    E. 지수이동평균

028 | **질문 28. 이동평균**
다음 각 항의 패턴을 그림 4.1에서 찾아 해당하는 알파벳을 적어라.

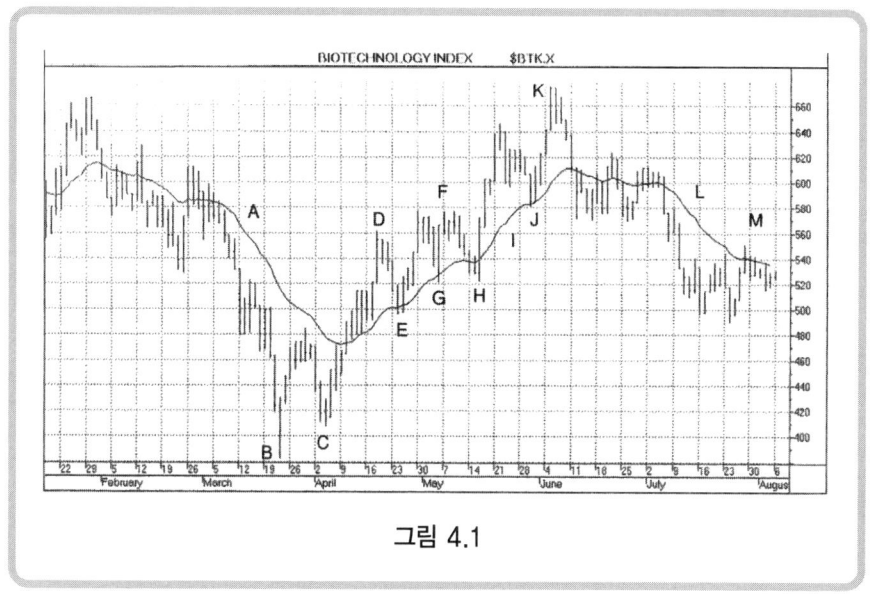

그림 4.1

1. 상승 추세

2. 하락 추세

3. 가치 매수

4. 바보 이론에 근거한 매수

5. 가치 공매도

6. 캥거루 꼬리

7. 이중 바닥

보너스 질문 ● 차트의 오른쪽 가장자리에서 당신은 상승세를 예상하는가 아니면 하락세를 예상하는가? 아니면 판단을 유보하겠는가? 설명해보라.

질문 29. 채널

다음 각 항의 채널 신호를 그림 4.2에서 찾아 해당하는 알파벳을
적어라.

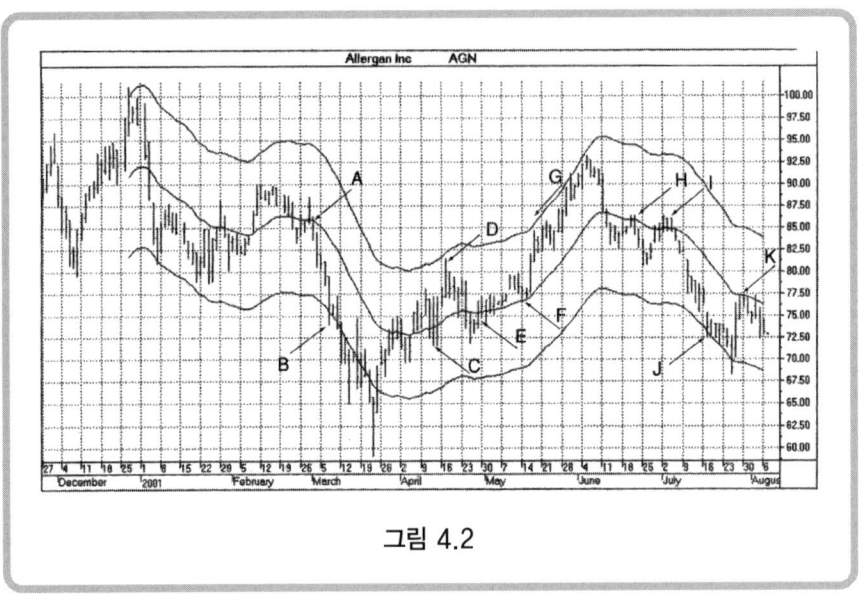

그림 4.2

1. 매수

2. 매도 및 이익 실현

3. 공매도

4. 환매

보너스 질문 ● 차트의 오른쪽 가장자리에서 당신은 상승세를 예상하는가
아니면 하락세를 예상하는가? 아니면 판단을 유보하겠는가? 설명해보라.

질문 30. 채널

채널에 관한 다음의 각 설명들을 아래의 항들과 짝지어라.

1. 낙관주의의 정상적인 한계
2. 대략 최근 가격의 95퍼센트를 감싸 안는다.
3. 하락장에서 시장의 극단적인 움직임에 잘 들어맞는다.
4. 길수록 채널폭이 넓어진다.
5. 시장의 변동성이 커지면 폭이 넓어진다.

    A. 엔벨로프

    B. 볼린저 밴드

    C. 하단 채널선

    D. 시장의 시간 스케일

    E. 상단 채널선

질문 31. 거래에 관한 평가

엔벨로프 혹은 채널은 거래자로서 당신의 성적을 평가하는 데 도움을 준다. 다음의 각 거래에 대한 성적을 매겨보라.

1. 거래자 A는 상승 중인 지수이동평균 위에서 56에 주식을 매수하여 59에 매도했다. 상단 채널선은 60.5이고, 하단 채널선은 49.5이다.
2. 거래자 B는 상승하는 지수이동평균 근처에서 17.5에 주식을 매수하여 18.5에 매도했다. 상단 채널선은 20이고, 하단 채널선은 13이다.
3. 거래자 C는 거래 범위 안에서 21에 주식을 매수했다. 그러나 주가가 내려가 그는 19에서 손실제한주문에 걸려 시장에서 나왔다. 상단 채널선은 24

이고, 하단 채널선은 16이다.

4. 거래자 D는 하락하는 이동평균선 근처에서 88에 주식을 공매도하여 81에 환매했다. 상단 채널선은 99이고, 하단 채널선은 81이다.

032 질문 32. MACD

MACD에 관한 다음의 각 설명들을 아래의 항들과 짝지어라.

1. 가치에 대한 장기적 합의
2. MACD 히스토그램
3. 가치에 대한 단기적 합의
4. 가격이 전보다 높은 고점에 도달할 때 MACD 히스토그램은 전보다 더 낮은 고점을 기록한다.
5. 가격이 전보다 낮은 저점에 도달할 때 MACD 히스토그램은 전보다 더 높은 저점을 기록한다.
   A. 빠른 MACD선
   B. 상승 다이버전스
   C. 하락 다이버전스
   D. 느린 MACD선
   E. MACD선들 간의 차이

질문 33. MACD

다음의 MACD 히스토그램 신호를 그림 4.3에서 찾아 해당하는 알파벳을 적어라.

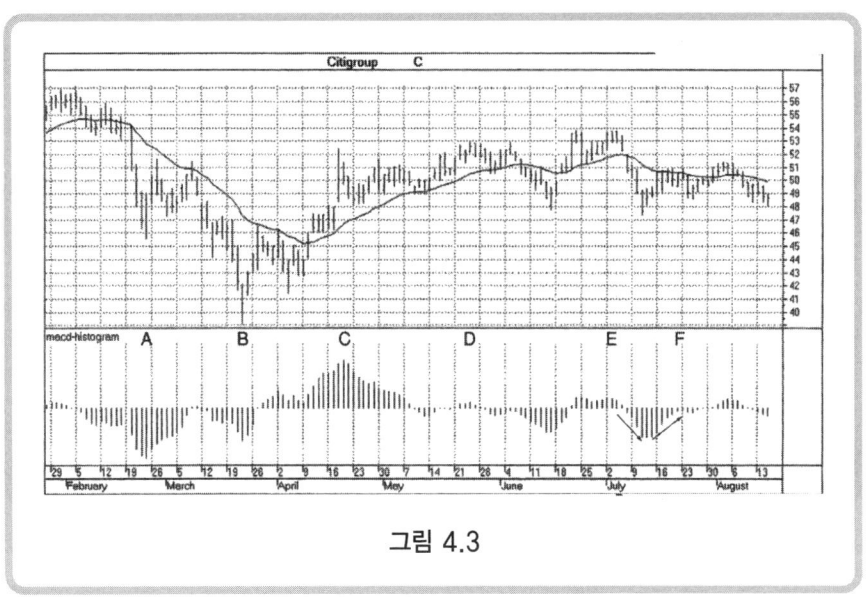

그림 4.3

1. 상승 추세

2. 하락 추세

3. 상승 다이버전스

4. 하락 다이버전스

5. 가격 꼬리

보너스 질문 ● 차트의 오른쪽 가장자리에서 당신은 상승세를 예상하는가 아니면 하락세를 예상하는가? 아니면 판단을 유보하겠는가? 설명해보라.

질문 34. 강도지수

다음 각 항에 해당하는 강도지수 신호를 그림 4.4에서 찾아 그 알파벳을 적어라.

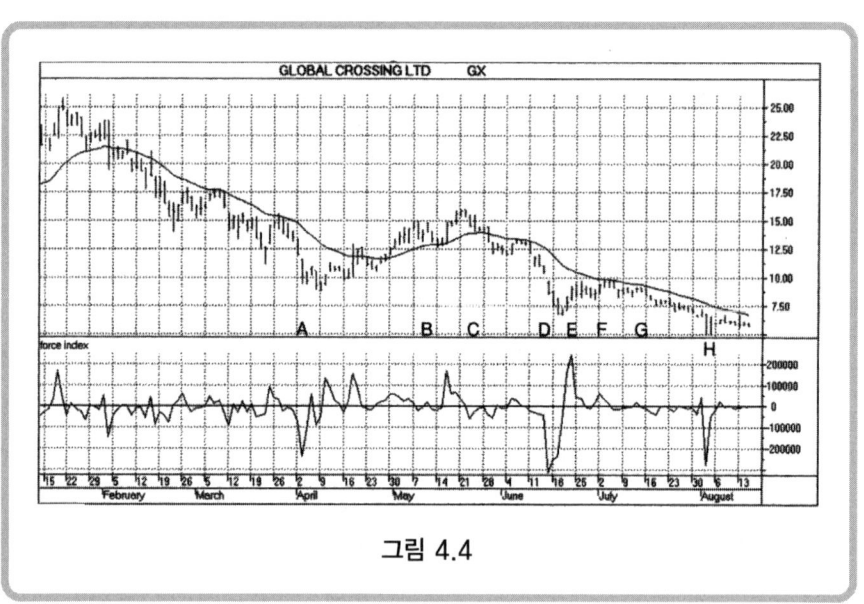

그림 4.4

1. 매수 신호

2. 매도 신호

3. 상승 다이버전스

4. 스파이크

보너스 질문 ● 차트의 오른쪽 가장자리에서 당신은 상승세를 예상하는가 아니면 하락세를 예상하는가? 아니면 판단을 유보하겠는가? 설명해보라.

035 질문 35. 강도지수

다음의 설명에서 강도지수에 해당하지 않는 것은?

1. 가격의 변화를 반영한다.

2. 가격의 방향에 영향을 받는다.

3. 지수이동평균으로 평활화해야 한다.

4. 일별 거래량 변화를 반영한다.

5. 스파이크가 반전 영역을 나타내곤 한다.

036 질문 36. 엘더-레이

엘더-레이에 관한 다음의 설명들을 아래의 항들과 짝지어라.

1. 매도 세력 강도가 음수가 되었다가 다시 상승할 때

2. 바의 고가에서 지수이동평균까지의 거리

3. 가치에 대한 평균적인 합의

4. 바의 저가에서 지수이동평균까지의 거리

5. 매수 세력 강도가 양수가 되었다가 다시 하락할 때

    A. 이동평균

    B. 하락 추세에서의 매도 신호

    C. 매도 세력 강도

    D. 상승 추세에서의 매수 신호

    E. 매수 세력 강도

질문 37. 엘더-레이

다음 각 항에 해당하는 엘더-레이 신호를 그림 4.5에서 찾아 그 알파벳을 적어라.

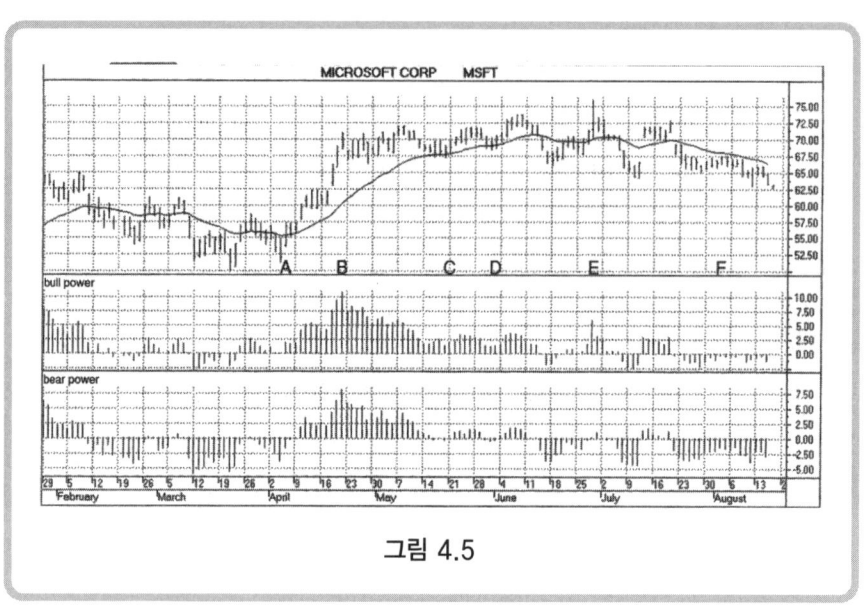

그림 4.5

1. 매도 세력 강도의 매수 신호
2. 매수 세력 강도의 공매도 신호
3. 매수 세력 강도의 새로운 고점. 가격 상승이 지속되리라 예상된다.
4. 매수 세력 강도의 하락 다이버전스
5. 가격 꼬리

보너스 질문 ● 차트의 오른쪽 가장자리에서 당신은 상승세를 예상하는가 아니면 하락세를 예상하는가? 아니면 판단을 유보하겠는가? 설명해보라.

질문 38. 스토캐스틱

다음 각 항에 해당하는 스토캐스틱 신호를 그림 4.6에서 찾아 그 알파벳을 적어라.

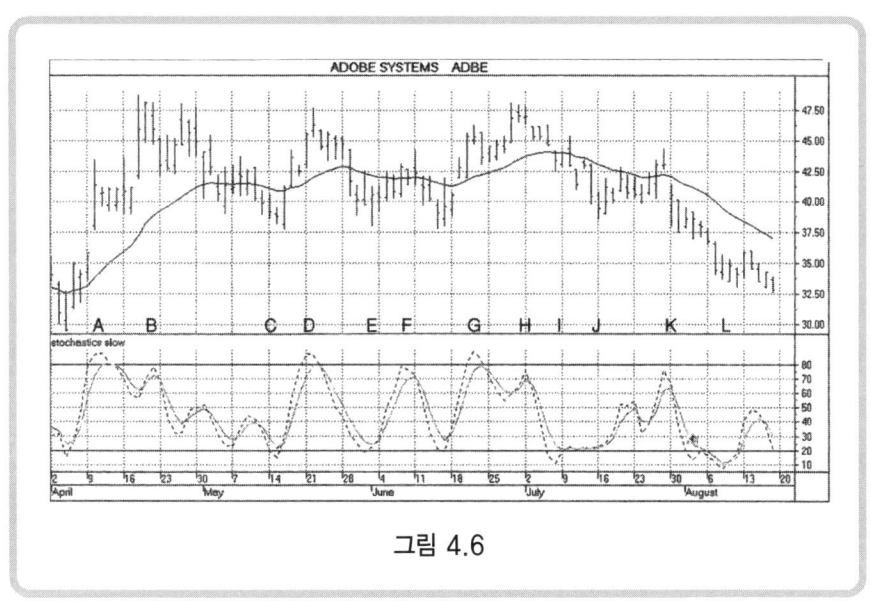

그림 4.6

1. 매수 신호

2. 매도 신호

3. 상승 다이버전스

4. 하락 다이버전스

보너스 질문 ● 차트의 오른쪽 가장자리에서 당신은 상승세를 예상하는가 아니면 하락세를 예상하는가? 아니면 판단을 유보하겠는가? 설명해보라.

039

질문 39. 스토캐스틱

스토캐스틱에 관한 다음의 설명 중 정확하지 않은 것은?

1. 과매수 상태 및 과매도 상태를 확인하는 데 도움을 준다.

2. 스토캐스틱이 상단 참조선 위에 있으면 매도할 생각을 해야 한다.

3. 스토캐스틱의 다이버전스는 가장 강력한 신호에 속한다.

4. 추세 확인에 유용하다.

5. 스토캐스틱이 하단 참조선 아래에 있을 때는 공매도를 피해야 한다.

CHAPTER 05

거래

초보 거래자는 몇 가지 함정에 빠지기 쉽다. 많은 수가 거래에 관해 충분히 알지 못하는 상태에서 시장에 들어가기 때문이다. 일부는 초보자의 행운 beginner's luck 덕분에 푼돈을 벌지만, 거의 모든 초보자들은 결국 돈을 잃고 만다. 그들이 책을 집어 드는 것은 이때다.

그들은 점점 더 많은 책을 읽지만 정작 방아쇠를 당기는 것은 두려워한다. 그들의 머릿속에서 아픈 기억이 떠나지 않기 때문이다. 이런 실패한 거래자는 시장 분석에 열심이면서도 정작 거래를 하지 않는데 '분석으로 인한 마비 증상 paralysis from analysis' 때문이다.

똑똑한 거래자는 시장에 대한 이해가 완벽할 수 없다는 것을 안다. 시장은 거대하고, 수많은 요소들에 의해 영향을 받으며, 상당한 불확실성이 상존한다. 완벽한 이해라는 것은 없다. 지표의 우세한 신호들이 거래를 지시하면 리스크를 계산하고, 손실제한주문 가격을 정하고, 거래를 해야 할 때인 것이다. 완벽한 신호를 기다리지 말라. 그런 신호는 너무 늦게 오기 마련이다.

	테스트 1	테스트 2	테스트 3	테스트 4	테스트 5
질문 40					
질문 41					
질문 42					
질문 43					
질문 44					
질문 45					
질문 46					
질문 47					
점수 합계					

질문 40. 시스템

거래 시스템에 관한 다음의 설명 중 옳은 것은?

1. 거래 시스템은 많은 양의 시장 정보를 몇 가지 핵심 요소로 줄이는 데 도움을 준다.
2. 자유재량 방식으로 거래하는 사람은 때에 따라 도구를 달리한다.
3. 시스템의 설계에서는 청산 시점이 진입 시점보다 중요하다.
4. 시스템 매개변수는 시간에 따라 달라져야 한다.
5. 좋은 시스템은 자동화되어 타인의 거래를 위해 제공될 수 있어야 한다.

    A. 1
    B. 1과 2
    C. 1, 2, 3
    D. 1, 2, 3, 4
    E. 모두 해당

질문 41. 시스템 테스트

시스템 테스트에 관한 다음의 설명 중 옳은 것은?

1. 유효한 시스템은 손실보다는 이익을 기대할 수 있어야 한다.
2. 시스템에 대한 전산화된 테스트는 직접 한 번에 하루치씩의 기록을 테스트해 나가는 방법보다 객관적이다.
3. 수동 테스트를 하면 거래에서 겪을 수 있는 심리적 스트레스를 비슷하게 체험할 수 있다.
4. 테스트에서 자금관리 원칙이 없을 때 더 나은 성적이 나온다는 것을 보여줄 경우 자금관리 원칙은 무시할 수 있다.
5. 시스템을 철저히 테스트한 명성 높은 판매업자로부터 해당 시스템을 구입

했을 경우에는 당장 그 시스템을 사용할 수 있다.

A. 1

B. 1과 2

C. 1, 2, 3

D. 1, 2, 3, 4

E. 모두 해당

042 질문 42. 모의 거래

모의 거래에 관한 다음의 설명 중 옳은 것은?

1. 사람들은 보통 모의 거래를 할 때 덜 감정적이다.

2. 대부분의 모의 거래자들은 돈을 잃은 뒤 실제 거래를 두려워하게 된 사람들이다.

3. 모의 거래를 하는 가장 납득할 만한 이유는 자제심의 시험이다.

4. 모의 거래는 실제 거래 때보다 공부에 쏟는 시간이 적게 든다.

5. 실제 거래의 이익과 손실은 모의 거래 때와 비슷하다.

A. 1

B. 1과 2

C. 1, 2, 3

D. 1, 2, 3, 4

E. 모두 해당

질문 43. 지표

기술적 지표에 관한 다음의 내용들을 아래의 항들과 짝지어라.

1. 강세합의지수, 신고점·신저점지수

2. 차트 패턴보다 객관적이다.

3. 이동평균, MACD선, 방향성 시스템

4. 종종 다른 그룹의 지표들과 상충한다.

5. 엔벨로프, 강도지수, 스토캐스틱, 엘더-레이

    A. 추세추종 지표

    B. 오실레이터

    C. 기타 지표

    D. 모든 지표

질문 44. 시간 스케일

시간 스케일에 관한 다음의 내용들을 아래의 항들과 짝지어라.

1. 5의 법칙은 모든 시간 스케일을 연결시켜준다.

2. 서로 다른 시간 스케일의 지표 신호들은 종종 상호 모순을 일으킨다.

3. 일중 차트를 이용하면 일간 차트보다 시장에 더 가깝게 다가갈 수 있다.

4. 장기의 정의는 중간 시간 스케일 차트를 바탕으로 한다.

5. 장기 차트를 보기 전에 단기 차트를 보는 것이 중요하다.

    A. 1

    B. 1과 2

    C. 1, 2, 3

    D. 1, 2, 3, 4

    E. 모두 해당

질문 45. 삼중 스크린

어떤 순서가 삼중 스크린을 가장 잘 설명하고 있는가?

1. 일간 차트에서 전략적 결정을 내리고, 주간 차트에서 전술적 결정을 내리고, 일중 차트에서 실행에 옮긴다.

2. 일중 차트에서 전략적 결정을 내리고, 주간 차트에서 전술적 결정을 내리고, 일간 차트에서 실행에 옮긴다.

3. 주간 차트에서 전략적 결정을 내리고, 일간 차트에서 전술적 결정을 내리고, 일중 차트에서 실행에 옮긴다.

4. 일간 차트에서 전략적 결정을 내리고, 일중 차트에서 전술적 결정을 내리고, 주간 차트에서 실행에 옮긴다.

5. 일중 차트에서 전략적 결정을 내리고, 일간 차트에서 전술적 결정을 내리고, 주간 차트에서 실행에 옮긴다.

질문 46. 진입

진입 기법에 관한 다음 각 항의 설명에서 틀린 것을 하나 골라라.

1. 전날의 고가 위로 돌파가 일어날 때 매수한다.

2. 지수이동평균으로 하향 후퇴가 일어날 때 매수한다.

3. 일중 차트를 활용하여 하향 후퇴 때를 매수 시점으로 잡는다.

4. 개장 전에 시장가 매수 주문을 낸다.

5. 강도지수가 음수로 변할 때 매수한다.

047 ## 질문 47. 이익 실현

롱 포지션의 이익 실현을 위한 적기는 다음 중 어느 때인가?

1. 가격이 상단 채널선에 도달했을 때
2. 강도지수의 2일 지수이동평균이 상향 스파이크를 형성했을 때
3. 지수이동평균이 상향하다가 평평하게 변할 때
4. 가격이 저항선 위로 접근할 때
5. 시장이 반전할까 봐 두려운 생각이 들 때

    A. 1

    B. 1과 2

    C. 1, 2, 3

    D. 1, 2, 3, 4

    E. 모두 해당

CHAPTER 06

데이 트레이딩

데이 트레이딩은 대부분의 사람들이 생각하는 것보다 훨씬 어렵다. 이 영역에 뛰어든 초보자들은 대개 사기 도박단에 걸려든 것과 마찬가지의 결과를 맞는다. 카드가 좀더 빨리 돌아가고, 들어가고 나오는 비용이 좀더 많아지며, 노름꾼은 좀더 주의력을 잃는다. 그러면 데이 트레이딩을 꿈꾸었던 또한 명의 거래자는 곧 전사하고 만다. 데이 트레이딩은 즉각적인 반응 능력과 강한 자제심을 요구하지만, 역설적으로 가장 충동적이고 적극적인 사람의 관심을 끌기 마련이다. 데이 트레이딩에서는 단기 변동에 완전히 집중해야 하는데, 사실 대부분의 사람들은 충분히 오랫동안 이렇게 집중력을 유지할 수 없다. 그러나 데이 트레이딩은 장기 거래자들에게도 유용할 수 있다. 데이 트레이딩 기법을 알면 그런 기법을 이용하여 포지션 거래를 할 수 있다. 만약 그렇게 하고 싶다면 시황 화면을 끄고 장기 차트에 집중하라. 두 가지 거래 방식은 서로 분리해야 한다는 것을 잊지 말라. 포지션 거래를 데이 트레이딩으로 바꿔서는 안 된다. 그 역도 마찬가지다.

	테스트 1	테스트 2	테스트 3	테스트 4	테스트 5
질문 48					
질문 49					
질문 50					
질문 51					
질문 52					
질문 53					
점수 합계					

048 **질문 48. 데이 트레이딩의 문제**

다음 중 데이 트레이딩에만 해당되는 문제를 설명한 것은 무엇인가?

1. 변동폭이 작기 때문에 거래당 이익이 적다.

2. 거래가 빈번하기 때문에 비용이 많이 든다.

3. 거래자가 즉각적으로 반응해야 한다. 그렇지 않으면 주머니가 깨끗이 털릴 것이다.

4. 포지션 거래보다 시간이 많이 든다.

5. 포지션 거래보다 손실 거래의 규모가 크다.

   A. 1

   B. 1과 2

   C. 1, 2, 3

   D. 1, 2, 3, 4

   E. 모두 해당

049 **질문 49. 거래 심리**

다음은 데이 트레이딩의 심리에 관한 설명이다. 이들 중에서 틀린 것을 두 가지 골라라.

1. 데이 트레이딩은 포지션 거래보다 주의력을 덜 요구한다.

2. 데이 트레이더는 부분적으로는 이성적이고 부분적으로는 비이성적인 이유로 거래를 한다.

3. 데이 트레이딩은 사람들의 중독 성향을 파고든다.

4. 데이 트레이딩은 포지션 거래보다 중개인의 수입이 적다.

5. 문서로 작성한 거래 계획이 있다는 것은 자제심을 갖추고 데이 트레이딩을 하고 있다는 증거다.

질문 50. 데이 트레이딩

다음 중 데이 트레이딩의 후보 목록으로 적당하지 않은 것을 골라라.

1. 가장 인기 있는 기술주
2. 가장 유망한 저가주
3. 블루칩
4. 나스닥에서 가장 활발하게 움직이는 20개 종목
5. 뉴욕증권거래소에서 가장 활발하게 움직이는 20개 종목

질문 51. 개장 가격 범위

다음의 각 설명에 해당하는 항들을 아래에서 찾아라.

1. 프로들이 시장에 들어오려는 외부자들을 받아들인다.
2. 이런 개장 가격 범위에서 일어난 돌파는 오래가지 못할 가능성이 크다.
3. 이때는 보통 거래량이 가장 낮다.
4. 프로들은 외부자들이 처분하기 원하는 주식을 사서 그들이 시장에서 빠져
   나가도록 해준다.
5. 이런 개장 가격 범위는 중요한 돌파를 발생시킬 가능성이 크다.

   A. 좁은 개장 가격 범위

   B. 마지막 30분의 거래 시간

   C. 하루의 중간

   D. 최초 30분의 거래 시간

   E. 넓은 개장 가격 범위

질문 52. 데이 트레이딩

분 차트(여기에 싣지는 않았지만)는 하락 추세다. 그림 6.1에서 5분 차트를 살펴보고 나서 아래의 각 신호에 맞는 알파벳을 골라라. 두꺼운 수직선은 거래 구간의 시작과 끝을 표시하고 있다.

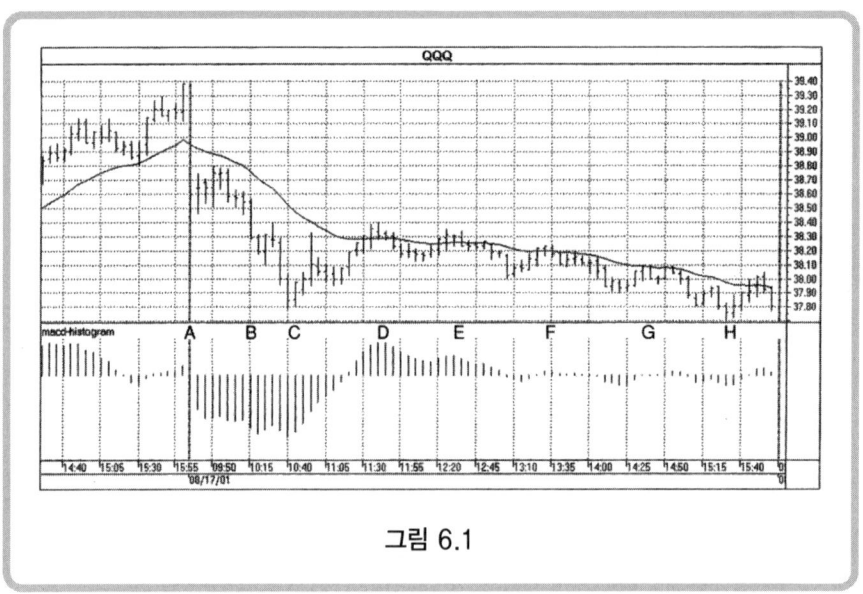

그림 6.1

1. 개장 가격 범위 돌파

2. 하락 갭

3. 공매도 신호

4. 매도 세력의 영향력이 새롭게 최대점에 도달함

5. 상승 다이버전스

보너스 질문 ● 차트의 오른쪽 가장자리에서 당신은 상승세를 예상하는가 아니면 하락세를 예상하는가? 아니면 판단을 유보하겠는가? 설명해보라.

053

질문 53. 일별 계획
일별 계획에 관한 다음의 설명 중 옳은 것은?

1. 개장의 종소리가 울리기 전에 일을 시작해야 한다.

2. 모니터링 리스트에 있는 주식들은 하루에 한 차례 이상 검토해야 한다.

3. 시스템으로 시험해보는 원칙을 지키는 한, 거래 정보에 귀를 기울이는 것은 괜찮다.

4. 사람들이 가득한 방에서 거래를 하면 보다 객관적인 결정을 내릴 수 있다.

5. 먼저 무엇을 거래할지 계획을 해두는 것은 좋지 않다. 시장이 열린 뒤 선택하는 것이 좋다.

    A. 1

    B. 1과 2

    C. 1, 2, 3

    D. 1, 2, 3, 4

    E. 모두 해당

거래의 성공을 위해서는 경쟁자들보다 우월한 점이 있어야 한다. 당신을 무엇보다 우월하게 만드는 것은 강한 자제심이다. 그 외에 시장에 대한 보다 깊은 수준의 이해 역시 당신을 남들보다 우월한 위치에 올려놓을 수 있다. 이것은 보통 대중들이 접하기 어려운, 특별하고 독창적인 분석 도구에서 비롯된다.

성공적인 거래자는 개인적인 거래 도구와 기법에 의존하는 경향이 있다. 아니면 잘 알려진 도구를 특별한 방법으로 활용하기도 한다. 여기서 우리는 두 가지 새로운 기법을 검토해볼 것이다. 거래 기회 발견에 활용되는 임펄스 시스템과 손실제한주문 가격을 정하기 위한 안전영역 기법이다. 우리는 또한 파생상품—옵션과 선물—에 관해서도 알아볼 것이다. 초보자들은 파생상품에는 손을 대지 말고 일단 주식 거래를 배우는 것이 좋다. 하지만 경험 많은 거래자들은 관심의 영역을 넓혀 파생상품을 거래 대상으로 고려해도 괜찮다.

	테스트 1	테스트 2	테스트 3	테스트 4	테스트 5
질문 54					
질문 55					
질문 56					
질문 57					
질문 58					
질문 59					
질문 60					
질문 61					
질문 62					
질문 63					
질문 64					
질문 65					
질문 66					
질문 67					
점수 합계					

질문 54. 임펄스 시스템

임펄스 시스템에 관한 다음의 각 설명을 아래의 항과 짝지어라.

1. 모멘텀 거래에서 가장 어려운 것이다.

2. 상승 모멘텀의 강화를 나타낸다.

3. 하락 관성을 나타낸다.

4. 하락 모멘텀의 강화를 나타낸다.

5. 상승 관성을 나타낸다.

6. 확인을 기다리는 행동이다.

    A. 지수이동평균의 상승

    B. MACD 히스토그램의 상승

    C. 거래 이익을 감소시킨다.

    D. 지수이동평균의 하락

    E. 거래에서 언제 나올지 아는 것이다.

    F. MACD 히스토그램의 하락

질문 55. 임펄스 시스템

주간 차트는 상승 추세다. 그림 7.1에서 일간 차트를 살펴보고 나서 아래의 각 신호에 맞는 알파벳을 골라라.

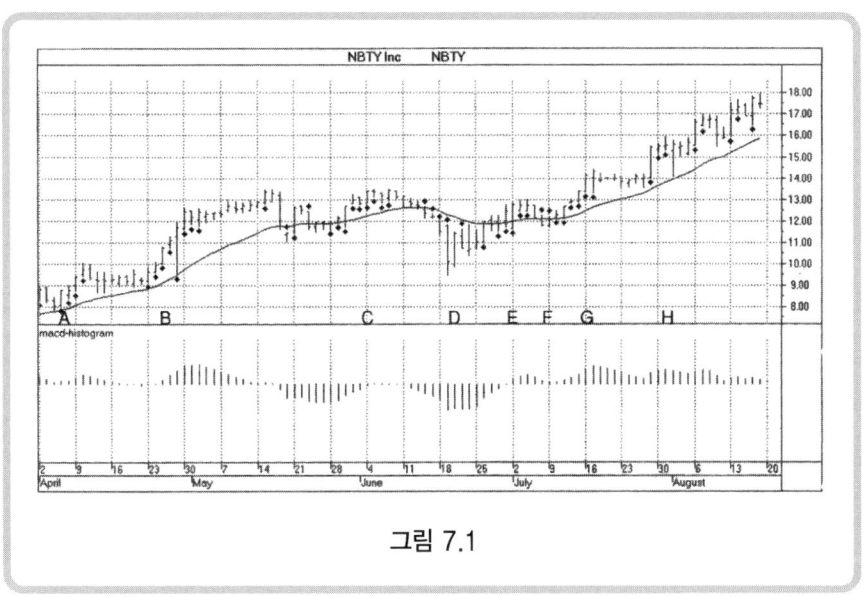

그림 7.1

1. 매도 신호군
2. 매수 신호군

보너스 질문 ● 차트의 오른쪽 가장자리에서 당신은 상승세를 예상하는가 아니면 하락세를 예상하는가? 아니면 판단을 유보하겠는가? 설명해보라.

질문 56. 임펄스 시스템

25분 차트(여기에 싣지는 않지만)는 하락 추세다. 그림 7.2에서 5분 차트를 살펴보고 나서 아래의 각 신호에 맞는 알파벳을 골라라. 두꺼운 수직선은 거래 구간의 시작과 끝을 표시하고 있다.

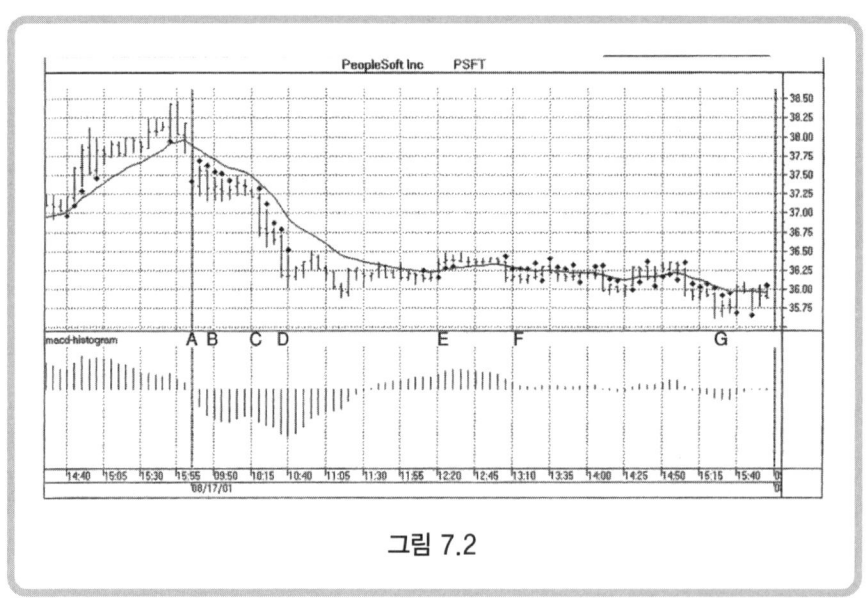

그림 7.2

1. 매수 신호군

2. 매도 신호군

3. 하락 갭

4. 개장 가격 범위 돌파

5. 매도 세력의 영향력이 새롭게 최대점에 도달함

6. 상승 다이버전스

보너스 질문 ● 차트의 오른쪽 가장자리에서 당신은 상승세를 예상하는가 아니면 하락세를 예상하는가? 아니면 판단을 유보하겠는가? 설명해보라.

질문 57. 청산

진입에 관한 다음의 설명 중 옳은 것은?

1. 진입 지점과 이익 목표점과의 거리 그리고 진입 지점과 손실제한주문 가격과의 거리를 비교하여 리스크와 보상을 따져본다.

2. 거래자들은 거래에 들어가기 전에 청산에 대해 보다 객관적인 판단을 하는 경향이 있다.

3. 손실제한주문 가격과의 거리는 이익 목표점과의 거리보다 반드시 커야 한다.

4. 청산 시점을 계획하기 가장 좋은 때는 바로 거래를 하고 있을 때다.

5. 이익 목표점은 일단 정해두면, 절대 움직여서는 안 된다.

    A. 1

    B. 1과 2

    C. 1, 2, 3

    D. 1, 2, 3, 4

    E. 모두 해당

 질문 58. 청산

다음은 채널을 이용한 청산에 관한 설명이다. 이 중 옳은 것은?

1. 주식의 가격은 언제나 가치의 위아래로 오르락내리락 거린다.

2. 채널폭이 넓을수록 거래는 더욱 매력을 발한다.

3. 채널은 거래자가 가치보다 높은 수준에서 주식을 공매도하고 낮은 가격 수준에서 환매할 수 있게 해준다.

4. 잘 그린 채널은 본질적으로 모든 천정과 바닥을 아우른다.

5. 잘 그린 채널은 지난 몇 달간 형성된 가격의 99퍼센트를 싸안는다.

    A. 1

B. 1과 2

C. 1, 2, 3

D. 1, 2, 3, 4

E. 모두 해당

질문 59. 청산

그림 7.3의 차트를 보고 아래의 각 신호에 맞는 알파벳을 골라라.

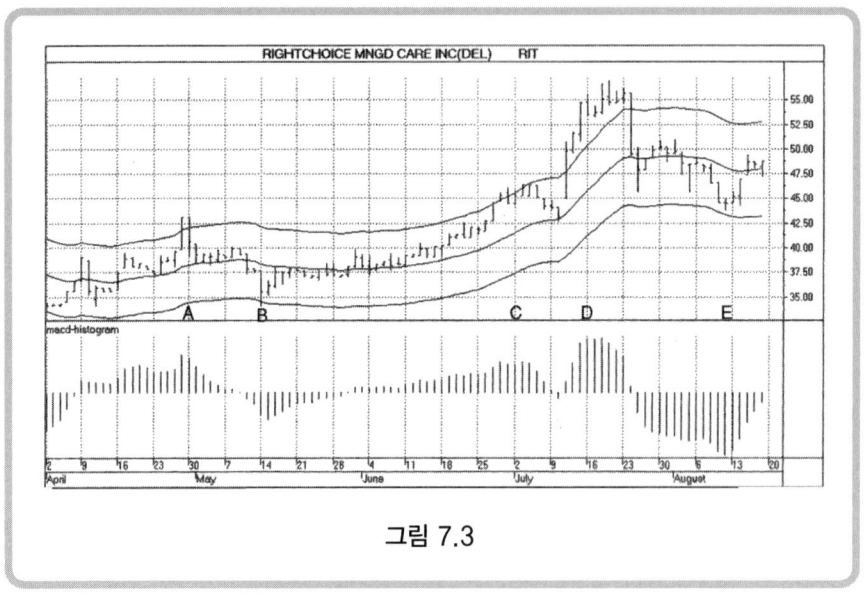

그림 7.3

1. 롱 포지션의 이익을 취한다.

2. 숏 포지션의 이익을 취한다.

보너스 질문 ● 차트의 오른쪽 가장자리에서 당신은 상승세를 예상하는가 아니면 하락세를 예상하는가? 아니면 판단을 유보하겠는가? 설명해보라.

질문 60. 손실제한주문

다음은 손실제한주문에 관한 설명이다. 옳고 그름을 표시하라.

1. 거래에 들어가자마자 손실제한주문을 해야 한다.

2. 뛰어난 시장 분석이 가능하면 손실제한주문은 불필요하다.

3. 마음속으로 손실제한주문 가격을 정해두는 것이 시장에 실제로 손실제한 주문을 해두는 것보다 안전하다.

4. 손실제한주문은 자금관리 원칙과 연계되어야 한다.

5. 손실제한주문 가격은 기술적 분석을 통해 정해진다.

질문 61. 안전영역 손실제한주문 기법

안전영역 손실제한주문 기법에 관한 설명이다. 아래 알파벳과 맞는 항목들을 서로 짝지어라.

1. 추세가 상승 추세일 때 시장 노이즈는 이것으로 정의된다.

2. 평균 상승 침범을 계수로 곱하고 이 값을 고가에 더한다.

3. 추세가 하락 추세일 때 시장 노이즈는 이것으로 정의된다.

4. 조사 기간의 평균 하락 침범값

5. 평균 하락 침범을 계수로 곱하고 이 값을 저가에서 뺀다.

6. 조사 기간의 평균 상승 침범값

    A. 상승 추세에서의 안전영역 손실제한주문 가격

    B. 오늘의 저가가 어제의 저가보다 낮은 정도

    C. 상승 추세의 평균 노이즈 수준

    D. 오늘의 고가가 어제의 고가를 넘어서는 정도

    E. 하락 추세에서의 안전영역 손실제한주문 가격

    F. 하락 추세의 평균 노이즈 수준

062 질문 62. 증거금 거래

증거금으로 주식을 거래하는 것에 관한 다음의 설명 중 옳은 것은?

1. 매수력을 부풀릴 수 있다.

2. 손실 거래에서는 손실이 더 커진다.

3. 현금 거래보다 스트레스가 크다.

4. 올바른 결정을 하면 더 큰 수익을 낼 수 있다.

5. 소액 거래자들이 더 많은 이익을 올리고 자본을 불리는 데 유용하다.

    A. 1

    B. 1과 2

    C. 1, 2, 3

    D. 1, 2, 3, 4

    E. 모두 해당

063 질문 63. 추세와 스윙(단기 변동)

다음의 설명 중 추세 거래에 속하는 것과 스윙 거래에 속하는 것을 각각 골라라.

1. 채널폭은 상대적으로 중요하지 않다.

2. 거래하기 쉽다.

3. 손실제한주문을 할 때 조금 더 여유를 주어야 한다.

4. 대개 가장 활발한 주식이 거래 대상이다.

5. 채널선에서 이익을 실현한다.

    A. 추세 거래

    B. 스윙 거래

    C. 둘 다 해당 없음

064

질문 64. 옵션

다음 중 옵션 가격에 영향을 주지 않는 것을 골라라.

1. 행사가격까지의 거리

2. 만기까지의 시간

3. 시장 추세

4. 이자율

5. 주가의 변동성

065

질문 65. 옵션

3월에 65달러에 거래되는 주식이 있을 때, 옵션 거래자에게 몇 가지 선택이 주어졌다. 옵션 거래자가 선택할 수 있는 다음의 거래를 아래에 있는 올바른 설명과 짝지어라.

1. 주식을 매수하여 5월 만기 70달러 콜옵션을 매도한다.

2. 5월 만기 60달러 풋옵션을 매수한다.

3. 5월 만기 60달러 풋옵션을 매도한다.

4. 5월 만기 60달러 콜옵션을 매수하고 7월–5월 60달러 콜옵션을 매도한다.

5. 5월 만기 70달러 콜옵션을 매수한다.

   A. 무방비 발행

   B. 방비 발행

   C. 스프레드 거래

   D. 콜옵션 매입

   E. 풋옵션 매입

066 질문 66. 옵션

옵션 발행에 관한 설명 중 옳은 것은?

1. 자금관리는 옵션 발행의 핵심적인 조건이다.

2. 무방비 옵션 발행은 무제한적인 리스크가 따르는 제한적인 보상을 가져온다.

3. 상승세를 예상하면 풋옵션을 발행하는 것이 좋다.

4. 발행자는 이익 실현을 위해서는 반드시 만기일까지 기다려야 한다.

5. 시간은 옵션 발행자의 적이다.

    A. 1

    B. 1과 2

    C. 1, 2, 3

    D. 1, 2, 3, 4

    E. 모두 해당

067 질문 67. 선물

선물에 관한 설명이다. 연관된 항목끼리 짝지어라.

1. 실제 상품의 포지션과 반대로 선물 포지션을 취하는 것

2. 선물에서 리스크의 주된 요인

3. 가까운 달의 선물이 먼 달의 선물보다 더 비싸게 팔리는 것

4. 산업 생산자와 소비자

5. 생산 지역의 기상 조건 악화

    A. 역전 현상

    B. 내부 정보

    C. 공급 주도 시장

    D. 헤징

    E. 낮은 증거금 조건

돈Money. 거래의 성공을 위한 이 세 번째 M은 의심의 여지없이 가장 홀대받는 요소다. 초보자들은 많은 시간과 에너지를 쏟아 거래 기법을 배우고 있고, 경험 많은 거래자들은 자제심이나 정신의 또 다른 측면을 두고 고심한다. 하지만 돈에 대해 충분한 주의를 기울이는 것은 오로지 프로들뿐이다.

　　프로는 무엇을 거래하든 고공행진하는 인터넷주든, 대두 선물이든, IBM 콜옵션이든 자신이 궁극적으로 돈을 거래하고 있는 것임을 잘 알고 있다. 어떤 하나의 시장은 단지 그에게 은행보다 높은 수익을 가져다줄 매개물에 불과하다. 따라서 그에게는 돈을 세는 것이 지표의 눈금을 세는 것만큼이나 중요하다(오히려 더 중요할 수 있다).

거래에서는 나빠질 수 있는 모든 것이 대개는 정말로 나빠진다는 것을 알고 있는가? 시장에서 거래를 직업으로 하는 사람은 엄청나게 많다. 그들은 당신이 실족했을 때 돈을 번다. 상상할 수 있는 모든 바나나 껍질이 당신이 가는 길 위에 깔려 있다. 자기 자신을 손실로부터 보호하기 위해서는 자금관리 원칙을 세우고 이를 종교처럼 떠받들어야 한다.

당신은 거래를 직업으로 삼아 다른 모든 것으로부터 자유로워질 수 있는 그런 세계를 향해 가고 있다. 자금관리는 당신이 그 낙원과도 같은 땅으로 가는 여행에서 안전망이 되어줄 것이다. 시장을 분석하고 거래 기회를 찾는 데 웬만큼 뛰어난 기법만 있다면 당신은 성공할 수 있다. 성공에 이를 때까지 줄곧 자본을 보호할 수 있다면 말이다. 이렇듯 자본 보호는 정말로 중요한 것이다.

자금관리의 엄청난 중요성을 분명히 하기 위해, 이 장에서는 당신이 얻은 점수에 다른 식으로 등급을 매길 것이다. 여기에는 '양호'라는 성적 등급이 없다. 당신은 '우수' 점수를 받아야 한다. 우수 외에는 낙제 등급밖에 없기 때문이다.

	테스트 1	테스트 2	테스트 3	테스트 4	테스트 5
질문 68					
질문 69					
질문 70					
질문 71					
질문 72					
질문 73					
질문 74					
질문 75					
질문 76					
질문 77					
질문 78					
질문 79					
질문 80					
질문 81					
질문 82					
점수 합계					

068

질문 68. 시스템에 대한 기대

거래 시스템에 대해 긍정적인 기대를 할 수 있다고 할 때는 어떤 때인지 다음 중 하나를 골라라.

1. 거래 시스템이 대부분의 거래에서 돈을 벌게 해줄 때

2. 거래 시스템에서 이익 거래가 손실 거래보다 많을 때

3. 거래 시스템이 이익을 보장할 때

4. 거래 시스템이 자금관리 없이도 잘 작동할 때

5. 거래 시스템이 시장에서 거래자에게 우위를 부여해줄 때

069

질문 69. 계산 능력

계산 능력을 시험해본다. 머릿속에서 계산하여 답을 적어보라.

1. 187 + 346

2. 200의 12%

3. 345 ÷ 5

4. 37.5에 500을 곱하면?

5. 토요일 눈이 올 확률이 25퍼센트이고 일요일 눈이 올 확률 역시 25퍼센트이다. 주말 전체에 눈이 내릴 확률은 얼마인가?

070

질문 70. 2퍼센트 원칙

2퍼센트 원칙을 따른다면 어떻게 해야 하는가?

1. 100,000달러 계좌에서 주식을 2,000달러어치 넘게 매수해서는 안 된다.

2. 20,000달러 계좌에서 400달러 아래로 리스크를 잡아서는 안 된다.

3. 150,000달러 계좌에서 3,000달러 넘게 리스크를 부담해서는 안 된다.

4. 100,000달러 계좌에서 적어도 2,000달러의 이익을 목표로 삼아야 한다.

5. 100달러짜리 주식 1주당 적어도 2달러 이익을 목표로 삼아야 한다.

071

질문 71. 2퍼센트 원칙

다음 중 50,000달러 계좌로 할 수 있는 거래는?(되도록 계산기 없이 답해야 한다는 것을 잊지 말길)

1. 25달러짜리 주식을 500주 매수하고 손실제한주문을 23.50달러에 해둔다.

2. 48달러짜리 주식을 300주 공매도하고 손실제한주문을 51달러에 해둔다.

3. 12달러짜리 주식을 1,000주 매수하고 손실제한주문을 11달러에 해둔다.

4. 92달러짜리 주식을 200주 공매도하고 손실제한주문을 98달러에 해둔다.

5. 33달러짜리 주식을 700주 매수하고 손실제한주문을 31달러에 해둔다.

    A. 1

    B. 1, 2

    C. 1, 2, 3

    D. 1, 2, 3, 4

    E. 모두 해당

072

질문 72. 사업상의 리스크

다음에서 사업상의 리스크에 노출시키는 거래와 손실의 위험에 노출시키는 거래를 각각 구분하라.

1. 100,000달러 계좌에서 50달러짜리 주식을 1,000주 매수하고 손실제한주문을 48.75달러에 해둔다.

2. 20,000달러 계좌에서 30달러짜리 주식을 300주 매수하고 손실제한주문을 28달러에 해둔다.

3. 20,000달러 계좌에서 20달러짜리 주식을 200주 매수하고 손실제한주문을 18.50달러에 해둔다.

4. 100,000달러 계좌에서 40달러짜리 주식을 1,000주 매수하고 손실제한주

문을 36달러에 해둔다.

5. 100,000달러 계좌에서 50달러짜리 주식을 1,000주 매수하고 손실제한주
문을 해두지 않는다.

    A. 사업상의 리스크

    B. 손실의 위험

073 질문 73. 2퍼센트 원칙

빌은 25,000달러 계좌를 가지고 있는 초보 주식 거래자다. 48달
러로 상승하리라고 기대하는 40달러짜리 주식을 매수하여 손실제한주문을
지지선 아래인 36달러에 해둘 생각이다. 그는 100주를 거래하고 싶어한다.
이 거래를 해도 될까?

074 질문 74. 2퍼센트 원칙

게리는 20,000달러 계좌를 가지고 있는 초보 선물 거래자다. 온
스당 9달러만큼 떨어지리라 생각하는 금을 공매도하고 싶어한다. 만약 금
이 온스당 3달러 상승하면 그의 계획은 틀어지고 손실제한주문이 이행될
것이다. 각 계약은 금 100온스로 이루어져 있다. 이 거래를 해도 될까?

075 질문 75. 2퍼센트 원칙

수전은 50,000달러 계좌가 있는 주식 거래자다. 30달러로 상승
하리라 예상하며 24달러짜리 주식을 매수하려고 한다. 22달러에서 지지선
을 확인하고 21.50달러에 손실제한주문을 낼 생각이며 500주를 매수할 생
각이다. 이 거래를 해도 될까?

076

질문 76. 개인과 기관

기관 거래자가 개인 거래자보다 대개 더 나은 성적을 거두는 주된 이유를 찾는다면?

1. 자본이 더 많기 때문이다.
2. 다른 거래자들의 지원 네트워크가 있기 때문이다.
3. 매니저가 있기 때문이다.
4. 더 나은 훈련을 받기 때문이다.
5. 다른 사람들의 돈을 거래하므로 스트레스가 더 적기 때문이다.

077

질문 77. 6퍼센트 원칙

6퍼센트 원칙에 따르는 행동을 찾는다면?

1. 계좌에서 월별 6퍼센트 수익을 목표로 삼는다.
2. 자본의 6퍼센트를 잃은 뒤에는 그달의 나머지 기간 동안 거래를 하지 않는다.
3. 이익/손실 비율을 6:2로 유지한다.
4. 리스크가 6퍼센트를 초과한 뒤에는 모든 포지션을 종료한다.
5. 2퍼센트 원칙을 따를 경우 3개가 넘는 거래는 하지 않는다.

078

질문 78. 6퍼센트 원칙

앤은 90,000달러로 한 달을 시작했다. 각각 1,200달러의 리스크로 거래 A와 B에 뛰어들어 손실을 입었다. 그런 다음에는 각각 1,500달러의 리스크로 거래 C와 D에 나서서 이익이 나 둘 다 손익분기점으로 손실제한주문을 옮겼다. 이제 그녀는 거래 E를 보고 주당 3달러의 리스크로 500주를 매수하고 싶어한다. 이 거래를 해도 될까?

079 **질문 79. 6퍼센트 원칙**

피터는 150,000달러로 한 달을 시작했다. 몇 차례 이익 거래를 한 다음, 두 차례의 거래에서 연달아 각각 2,500달러를 잃었다. 이제 그는 각각 1,000주로 두 개의 거래를 보유 중인데, 이 둘의 손실제한주문 가격은 각각 진입 시점으로부터 1.90달러와 1.70달러 떨어져 있다. 그는 스크린에서 매우 매력적인 거래 기회를 발견했다. 이 거래 기회를 붙잡아야 할까?

080 **질문 80. 6퍼센트 원칙**

짐은 30,000달러로 한 달을 시작했다. 각각 500달러의 리스크로 거래 A, B, C에 뛰어들었다. 거래 A와 C는 이익 목표점에 도달했다. 거래 B는 하락하여 손실제한주문 가격에 걸렸다. 그는 리스크가 각각 500달러인 잠재적 거래 D와 E를 발견했다. 이 두 거래 기회를 붙잡아야 할까?

081 **질문 81. 포지션 규모**

다음의 설명 중 옳은 것과 틀린 것을 골라라.

1. 거래 규모가 작고 계좌 규모가 작을수록 이익이 날 가능성이 크다.
2. 손실을 볼 때는 거래 규모를 키워 손실을 되찾는 것이 중요하다.
3. 리스크의 규모는 거래 결정의 질에 직접적인 영향을 미친다.
4. 큰 수익을 목표로 삼는다면 생존은 자연적으로 해결되는 문제다.
5. 리스크의 규모는 거래의 결정에 있어서 거래 규모보다 더 중요하다.

질문 82. 포지션 규모

100,000달러 계좌로 거래할 때 다음 중 과도거래의 징후가 가장 강하게 나타나는 것은?

1. 하루에 세 차례 거래를 하는 것

2. 각각 750달러 리스크로 10개의 포지션을 보유하는 것

3. 한 주에 10차례 거래하는 것

4. 5,000주씩 거래하는 것

5. 각각 1,000달러 리스크로 5개의 포지션을 보유하는 것

CHAPTER 09

체계 잡힌 거래자

여기까지 책을 읽었다면 당신은 거래가 진지한 사업임을 충분히 깨달았을 것이다. 거래는 엄청난 집중력과 주의, 헌신을 요구한다. 물론 잘하려고 하겠지만 당신의 행동이 어떻게 당신의 의도를 제대로 따라간다고 확신할 수 있는가? "우리는 최고를 원했지만, 평범한 데 그쳤다." 당신은 전직 러시아 총리처럼 이렇게 말하고 싶지는 않을 것이다. 또 나의 할아버지는 종종 "지옥으로 가는 길은 선한 의도로 닦여져 있다"라고 말씀하셨다. 당신은 어떻게 생각하는가?

자신이 옳은 길을 가고 있는지 알 수 있는 유일한 방법은 기록을 작성하는 것이다. 기록을 제대로 작성하는 거래자는 언젠가는 좋은 거래자가 되기 마련이다.

　광범위한 기록을 작성하고 이를 검토하는 일은 시장을 들어갔다 나왔다 하며 여기서 매수하고 저기서 매도하는 일만큼 신나지 않다. 하지만 기록의 작성과 관리는 당신의 자제심에 대한 최고의 러닝 테스트다. 이 테스트에서 높은 점수를 받으면—이 책에서뿐만 아니라 이 책을 다 읽고 난 후 실제 거래에서—당신은 직업적인 거래에서도 성공할 수 있을 것이다.

　이 장의 성적 평가 역시 자금관리에 관한 장처럼 이 책의 나머지 부분과 다르다. 이 주제는 매우 중요하기 때문에 '양호'라는 등급은 없다. '우수' 성적을 얻기 전까지 당신은 계속 공부를 해야 한다.

	테스트 1	테스트 2	테스트 3	테스트 4	테스트 5
질문 83					
질문 84					
질문 85					
질문 86					
질문 87					
질문 88					
질문 89					
질문 90					
질문 91					
질문 92					
질문 93					
질문 94					
질문 95					
질문 96					
질문 97					
질문 98					
질문 99					
질문 100					
점수 합계					

질문 83. 거래 성공의 요소

(이 질문의 제목을 위해 로버트 로텔라의 책 제목을 빌렸다–저자주) 거래 성공에서 다음 중 가장 중요한 요소 한 가지는?

1. 지능
2. 경험
3. 자제심
4. 상상력
5. 훈련

 질문 84. 거래 기록

다음은 거래 기록의 작성과 관리에 관한 설명이다. 이들 중 틀린 것을 하나 골라라.

1. 거래자의 자제심을 가장 잘 보여주는 증거다.
2. 제대로 작성·관리되는 기록이 있으면, 거래자는 자금관리에 좀더 여유를 가질 수 있다.
3. 거래자의 성공과 생존에 필수적인 요소다.
4. 기록을 제대로 작성하면 실수의 반복을 피할 수 있다.
5. 기록을 제대로 작성하면 거래자의 이익/손실 비율을 향상시킬 수 있다.

 질문 85. 거래 스프레드시트

다음의 사항 중 거래 스프레드시트의 기록에 관한 것은?

1. 진입과 청산 날짜
2. 진입 시점과 청산 시점의 가격
3. 수수료와 기타 비용

4. 거래에 대한 평가

5. 진입과 청산에 대한 평가

    A. 1

    B. 1과 2

    C. 1, 2, 3

    D. 1, 2, 3, 4

    E. 모두 해당

086 질문 86. 거래 자본

거래 계좌의 자본을 구성하고 있는 요소들을 골라라.

1. 거래 계좌의 현금

2. 보유 중인 거래의 총가치

3. 거래 계좌에서 보유하고 있는 재무부 채권

4. 증거금으로 대출한 금액

5. 따로 저축해둔 돈

    A. 1

    B. 1과 2

    C. 1, 2, 3

    D. 1, 2, 3, 4

    E. 모두 해당

087

질문 87. 자본곡선

5명의 거래자가 각각 100,000달러로 거래를 시작했다. 누구의 자본곡선이 펀드 매니저들의 관심을 끌 것 같은가?

1. 119,000달러로 마감, 최대 손실폭 7,600달러

2. 98,000달러로 마감, 최대 손실폭 4,100달러

3. 74,000달러로 마감, 최대 손실폭 5,100달러

4. 134,000달러로 마감, 최대 손실폭 28,000달러

5. 114,000달러로 마감, 최대 손실폭 2,800달러

088

질문 88. 거래일지

다음 중 거래일지에서 가장 적당한 차트의 수는?

1. 진입 시점에 1개 그리고 청산 시점에 1개

2. 진입 시점에 2~3개 그리고 청산 시점에 1개

3. 진입 시점에 1개 그리고 청산 시점에 2~3개

4. 진입 시점과 청산 시점 각각에 2~3개

5. 진입 시점과 청산 시점 각각에 5개 이상

089

질문 89. 거래일지

거래일지에 관한 다음의 설명 중 옳은 것은?

1. 실수 그리고 성공으로부터 배울 수 있게 해준다.

2. 거래에서 감정의 요소를 줄여준다.

3. 자제심의 정확한 지표 역할을 해준다.

4. 매 거래마다 작성해야 한다.

5. 가장 흥미를 끄는 거래에 대해 작성해야 한다.

A. 1

B. 1과 2

C. 1, 2, 3

D. 1, 2, 3, 4

E. 모두 해당

090 질문 90. 진입과 청산에 대한 평가

한 거래자가 그날의 고가가 48이고 저가가 44일 때 47에 주식을 매수했다. 그는 며칠 뒤 51에 주식을 매도했다. 이날의 고가는 54이고 저가는 50이었다. 이 거래에서 진입 점수와 청산 점수는 각각 얼마인가?

1. 0%

2. 25%

3. 50%

4. 75%

5. 100%

091 질문 91. 거래의 결정

시장의 문이 닫혀 있을 때 거래에 관한 결정을 내리기 쉬운 것은 무엇 때문인가?

1. 잠시 멈춰 생각해볼 수 있고 나중에 다시 한 번 차트를 들여다볼 기회가 있기 때문이다.

2. 차트를 분석하는 동안 가격이 움직이는 부담과 불안이 없기 때문이다.

3. 주식을 다른 많은 주식이나 지표와 비교할 수 있기 때문이다.

4. 정보지를 검토할 수 있기 때문이다.

5. 다른 거래자에게 조언을 구할 수 있기 때문이다.

    A. 1

    B. 1과 2

    C. 1, 2, 3

    D. 1, 2, 3, 4

    E. 모두 해당

092 질문 92. 행동 계획

행동 계획에 관한 설명이다. 관련된 항들을 짝지어라.

1. 차트에 대한 설명을 기록한다.

2. 다음날 어떻게 할지 기록한다.

3. 계획 전에 구체적인 설명을 기록한다.

4. 주문을 낼 때는 종이에 써둔 글을 읽는다.

5. 거래 규모를 정해둔다.

    A. 거래를 결정하게 만든 요인들을 설명하기 위해

    B. 시장의 문이 닫혀 있는 동안 계획하기 위해

    C. 사실을 명확히 해두고 나서 사실에 대한 해석으로 옮겨가기 위해

    D. 자금관리 원칙을 지키기 위해

    E. 주문을 내는 동안 순간적인 충동이나 실수를 피하기 위해

093 **질문 93. 거래 기록**

다음 중 성공적인 거래를 위해 필수적인 기록을 골라라.

1. 거래 스프레드시트
2. 자본곡선
3. 거래일지
4. 행동 계획
5. ABC 등급 시스템

    A. 1

    B. 1과 2

    C. 1, 2, 3

    D. 1, 2, 3, 4

    E. 모두 해당

094 **질문 94. 거래 시스템에 대한 예측**

거래 시스템을 예측하면 다음과 같은 결과가 생긴다.

1. 시스템에 의해 지시되지 않은 결정에 이르게 된다.
2. 거래자의 선택 범위가 넓어진다.
3. 성공의 기회가 개선된다.
4. 심리적 강인함이 드러난다.
5. 훨씬 더 자제력 있는 거래를 하게 된다.

    A. 1

    B. 1과 2

    C. 1, 2, 3

    D. 1, 2, 3, 4

    E. 모두 해당

095

질문 95. 거래의 누설

보유 중인 포지션에 관해 다른 사람에게 말하면 다음과 같은 결과가 발생한다. 맞는 것을 아래에서 골라라.

1. 다른 사람들이 이런저런 조언을 한다.

2. 다른 거래자들과 교류할 수 있는 기회가 많아진다.

3. 고려해보지 않은 선택 사항들을 발견하는 데 도움이 된다.

4. 거래 성공의 가능성이 높아진다.

5. 장기적인 성공의 가능성이 높아진다.

    A. 1

    B. 1과 2

    C. 1, 2, 3

    D. 1, 2, 3, 4

    E. 모두 해당

096

질문 96. 시간관리

금융시장에서 거래를 하고 있을 때는 시간관리를 다음과 같이 해야 한다. 맞는 것을 아래에서 골라라.

1. 관심을 갖고 있는 모든 시장을 주마다 살펴본다.

2. 포지션을 보유 중인 시장은 날마다 모두 살펴본다.

3. 보유하고 있는 주식에 대한 실적 발표 시기를 시간표로 정리한다.

4. 진입을 고려하고 있는 모든 시장의 시가를 관찰한다.

5. 청산을 고려하고 있는 모든 시장의 종가를 관찰한다.

    A. 1

    B. 1과 2

C. 1, 2, 3

D. 1, 2, 3, 4

E. 모두 해당

097 질문 97. ABC 등급 시스템

ABC 등급 시스템에 관한 다음의 설명을 아래의 항과 짝지어라.

1. 이 종목은 내일 거래해야 할지도 모른다.

2. 모든 종목을 간략하게 검토한다.

3. 이번 주에는 이 종목을 거래할 것 같지 않다.

4. 소수의 종목을 심층적으로 검토한다.

5. 며칠 있으면 이 종목을 거래해야 할지도 모른다.

A. 그룹 A

B. 그룹 B

C. 그룹 C

D. 날마다 한다.

E. 주마다 한다.

098 질문 98. 의사결정나무

다음 중 자유재량 방식으로 거래하는 거래자의 의사결정나무로 가장 근접한 설명은?

1. 융통성 있는 분석 원칙, 다양한 시간 스케일을 융통성 있게 활용, 융통성 있는 자금관리 원칙

2. 엄격한 분석 원칙, 다양한 시간 스케일을 엄격한 원칙에 따라 활용, 엄격한 자금관리 원칙

3. 엄격한 분석 원칙, 다양한 시간 스케일을 엄격한 원칙에 따라 활용, 융통성 있는 자금관리 원칙
4. 융통성 있는 분석 원칙, 다양한 시간 스케일을 융통성 있게 활용, 엄격한 자금관리 원칙
5. 융통성 있는 분석 원칙, 다양한 시간 스케일을 엄격한 원칙에 따라 활용, 융통성 있는 자금관리 원칙

099 질문 99. 거래 시의 우선순위

다음 중 노련한 거래자의 우선순위를 가장 잘 기술하고 있는 것은?

1. 보기 드물게 큰 이익, 꾸준한 이익, 생존
2. 생존, 꾸준한 이익, 보기 드물게 큰 이익
3. 꾸준한 이익, 보기 드물게 큰 이익, 생존
4. 생존, 보기 드물게 큰 이익, 꾸준한 이익
5. 보기 드물게 큰 이익, 생존, 꾸준한 이익

100 질문 100. 트레이딩 경력

장기 거래 계획을 만들기 위한 가장 적절한 순서는?

1. 의사결정나무를 만들고, 자금관리 원칙을 정하고, 기록을 작성·관리한다.
2. 기록을 작성·관리하고, 의사결정나무를 만들고, 자금관리 원칙을 정한다.
3. 자금관리 원칙을 정하고, 기록을 작성·관리하고, 의사결정나무를 만든다.
4. 의사결정나무를 만들고, 기록을 작성·관리하고, 자금관리 원칙을 정한다.
5. 기록을 작성·관리하고, 자금관리 원칙을 정하고, 의사결정나무를 만든다.

PART 02

거래 기법 마스터:
해답과 평가

CHAPTER 01

물가의 아기를 위한 금융 거래

해답 1. 의사결정

A 2, 6

B 3, 5

C 1, 4

● 답을 맞혔을 경우 각각 1점을 준다.

어떤 주식의 유망성과 해당 산업군에 관해 조사하는 것은 노련한 투자자들의 중요한 특징이다. 내부자는 주가를 움직일 만한 기본적 요소를 가지고 행동했으므로 범죄자라고 해야 할지 모르겠지만 궁극적으로는 투자자다. 내부자 거래와 기본적 분석의 유사성은 많은 증권 회사를 계속적으로 난처하게 만드는 원인이다. 거래자는 대중 히스테리를 포함하여 펀더멘털 데이터에 대한 주가의 반응에 관심을 기울인다. 도박꾼이 TV에 나오는 유명한 주식의 대가들에게 정보를 얻었다고 해도 그는 여전히 도박꾼이다. 왜냐하면 스스로 생각하지 않고 세상에 나도는 소문이나 정보를 좇기 때문이다.

002 해답 2. 효율적 시장 이론

옳다: 2, 5

틀리다: 1, 3, 4

● 답을 맞혔을 경우 각각 1점을 준다.

거래자는 종종 수익을 최대화하기보다는 감정에 매몰된다. 좋은 기회를 놓쳤다는 조바심 때문에 급등하는 주식을 매수한 거래자는 이성적인 상태가 되기 힘들다. 프로는 모든 거래에서 성공할 것이라고는 기대하지 않으며, 시장에 존재하는 상당한 노이즈와 불확실성을 의식한다. 하지만 그들은 꾸준하고 절제된 거래를 통해 결국에는 수익이 날 것이라고 예상한다. 어떤 그룹이 어떤 특정한 주식이 좋은 거래 대상이라는 데 뜻을 같이한다면, 그때는 대개 그들의 주장과 반대의 방향으로 거래를 해야 한다. 왜냐하면 그룹은 개인보다 훨씬 감정적인 경향이 있기 때문이다. 달아오른 시장은 덜 이성적이며, 이로써 냉정한 프로들에게 기회가 생기는 것이다. 차분한 시장은 훨씬 더 효율적이어서 다른 사람들로부터 돈을 빼앗아오기가 더 힘들다.

해답 3. 거래의 선택

1. E
2. D
3. B
4. C
5. A

● 답을 맞혔을 경우 각각 1점을 준다. 4번 질문을 맞혔을 경우에는 보너스 점수 1점을 더 준다.

바보라도 거래에 들어갈 수는 있다(그리고 종종 실제로 그런다). 그러나 적절한 청산 시점을 찾는 것은 지식과 경험이 필요한 일이다. 진입은 먼저 계획해두어야 한다. 총명한 거래자는 시장이 자신의 예상대로 움직이는 것을 확인한 후 시장에 들어가고, 적당한 때가 되었을 때 나온다. 시장의 동력에 따라 거래하려는 자는 시장의 추진력을 잡으려 한다. 역추세 거래자는 가치 수준으로 가격이 회귀할 때를 포착한다. 매번 자신이 무슨 일을 하고 있는지 정확히 알고 있다면, 이 두 가지 방법은 모두 수익을 낼 수 있다. 가격과 지표를 분석할 때 자금관리가 거래의 본질적인 요소임을 잊지 말아야 한다. 각 거래는 엄격한 자금관리 원칙에 따라 선택되어야 한다.

해답 4. 주식, 옵션, 선물

1. C
2. A
3. A, B, C

4. B, C

5. A, B, C

● 답을 완벽하게 맞혔을 경우 각각 1점을 준다.

옵션은 대부분의 거래자에게는 감당하기 힘든 거래다. 한 번의 점프로 세 개의 고리를 동시에 통과해야 하기 때문이다. 요컨대 거래 종목, 가격, 시간을 모두 정확하게 선택해야 하는 것이다. 주식은 당신을 기업체의 지분 소유자로 만들어준다. 반면 선물과 옵션은 미래의 인도를 위한 계약이고, 만기일 전까지는 의무를 부담하지 않는다. 자금관리 기술이 없는 거래자는 모든 시장에서 돈을 잃지만, 옵션이나 선물에서는 주식보다 더 빨리 돈을 잃을 것이다. 추세는 어느 시장에서나 당신의 친구다. 가격이 떨어지고 있을 때 매수하는 것은 정말 대책 없는 짓이다.

005 해답 5. 성공의 장벽

1. A, B, C

2. C

3. B

4. D

5. A

● 답을 맞혔을 경우 각각 1점을 준다.

물 한 방울이 바위를 뚫는다. 수수료, 체결오차, 부대 비용이 거래 계좌를 허물어뜨릴 수 있다. 이들 비용은 결국 대부분의 거래보다 당신의 계좌에 더 큰 영향을 미친다. 수수료는 중개인에 의해 정해지지만 체결오차는 대개 피할 수 있고, 부대 비용은 거래자가 조종할 수 있다. 체결오차는 시장가와 거래가 사이의 차액으로, 차분한 시장에서는 작지만 달아오른 시장에서는 커진다. 또한 의미 없는 비용이란 없지만 모든 비용은 성공의 길 앞에 놓인 장벽을 높인다. 수수료와 (때때로) 체결오차는 거래의 전장으로 들어가는 권리에 대한 대가이며, 이 둘의 합을 일정 한도 아래로 낮출 수는 없다.

해답 6. 계좌 규모

5

● 답을 맞혔을 경우 5점을 준다.

중요한 생존의 요소는 어떤 주어진 거래에서 리스크로 삼을 거래 계좌의 최대 비율이다. 50차례 연속으로 손실이 난다면, 4번과 5번의 거래자는 빈털터리가 되고 만다. 3번의 거래자는 겨우 5차례의 연속된 손실에도 손을 털고 자리에서 일어나야 할지 모른다. 계좌 총액이 크면 몇 가지 장점이 있다. 거래 비용이 상대적으로 낮은 비율을 차지하고, 거래를 다양화하기가 쉽다는 점 등이다.

해답 7. 시장 데이터

C. 3과 4

● 정확하게 답을 맞혔을 경우 5점을 준다. B라고 답했을 경우 2점을 준다.

실적은 중요하며 실적에 대한 시장의 반응은 훨씬 더 중요하다. 실적 악화가 발표된 뒤에도 주가가 하락하지 않으면 바닥이 가까이 있다는 뜻이다. 반면 대단치 않은 실적 악화 소식에도 주가가 가파르게 떨어졌다면 앞으로도 약세가 지속되리라는 것을 시사한다. 선물 가격은 절박한 생산업자들이 과잉 재고를 투매할 경우 생산비 이하로 내려갈 수 있다. 그러나 오랫동안 생산비 이하에 머물러 있지는 못한다. 실시간 데이터는 초보자들의 주의를 분산시킬 뿐이다. 초보자들은 수많은 시장의 움직임을 지켜보다가는 혼란에 빠지기 쉽다. 주간 차트는 매우 중요한 장기 전망을 제공하며 일간 차트로 대체할 수는 없다. 원시인의 손에 최상의 소프트웨어가 있다 해도 무슨 소용이겠는가. 지식과 기술은 도구보다 훨씬 더 중요하다.

008 해답 8. 분석의 종류

A. 1

B. 3

C. 5

D. 2, 4

● 답을 맞혔을 경우 각각 1점을 준다.

기본적 분석은 궁극적으로 가격을 결정하는 수요와 공급을 연구한다. 반면 기술적 분석은 시장 군중의 행동을 읽으려고 한다. 둘 모두 거래에 관한 결정에 활용될 수 있지만, 펀더멘털은 장기 투자자들에게 보다 중요하고 기술적 지표들은 단기 거래자들에게 보다 중요하다. 미래의 가격을 예측하지 말라. 분석은 지금 시장에서 일어나고 있는 일에 관해 말해줄 뿐이며, 앞으로 어떤 행동을 할지, 어떤 확률에 걸지는 당신 스스로가 결정해야 한다. 또 이를 뽑는 일이나 차를 모는 일을 자동화할 수 없는 것처럼 분석 역시 자동화할 수 없다.

● 평가와 해법 ●

● 점수별 평가

- 31점 이하면 낙제 점수다. 하지만 낙담하지 말기 바란다. 테스트는 이제 시작일 뿐이다. 아래에서추천하는 내용들을 찾아 읽은 후 테스트를 다시 해보라.
- 31~36점이면 준수한 성적이다. 기본적인 내용을 이해하고 있다 할 것이다. 틀린 문제의 답을 찾아 검토하고 며칠 뒤 다시 이 1장의 문제들을 풀어보기 바란다.
- 37~41점이면 우수한 점수다. 이런 이해 수준이면 다음으로 넘어갈 수 있다.

● 반드시 읽어야 할 내용

- 본책 1부

● 추가로 읽어야 할 내용

- 알렉산더 엘더, 『Trading for a Living』 중 '당신을 가로막는 일들 The Odds Against You'

CHAPTER 02

정신 – 자제심을 갖춘 거래자

009

해답 9. 왜 거래를 하는가?

C. 2와 5

● 정확하게 답을 맞혔을 경우 5점을 준다. B라고 답했을 경우에
는 2점을 준다.

거래를 하는 이성적인 이유는 한 가지다. 돈을 벌기 위해서다. 좀더 정확히
말하자면, 재무부 채권 같은 리스크 없는 투자 대상의 수익률보다 더 높은
수익률을 올리기 위해서다. 거래가 권태와 지루함으로부터 벗어나기 위한
대안이라면, 당신은 매우 비싼 소일거리를 찾은 것이다. 자제심과 결단력은

지능보다 더 중요하다. 처칠이 말했듯이 "중요한 것은 전투 중에 있는 개의 크기가 아니라 개의 마음속에 있는 전투의 크기다."

해답 10. 거래 심리

A. 4

B. 1, 2

C. 3

● 답을 맞혔을 경우 각각 1점을 준다.

중개인이 그 주식이 분할 전에 상승할 것이라고 말했는가? 그렇다면 과거 기록을 구해 주식 분할 전에 정말로 주가가 상승한 적이 있는지 직접 확인해 보는 것은 어떤가? 과거 기록에서 그런 예를 찾을 수 없다면 거래를 해봐야 득이 될 게 없다. 투자 상담사의 모델 포트폴리오가 제시하는 그 수익률은 꿈같은 숫자처럼 보이지만, 당신이 내년에 실제로 그의 조언을 받아들일 때는 엄청난 손실이 날지도 모르는 일이다.

연방준비제도이사회는 회의 소집에 관해 미리 발표한다. 당신은 이에 대해 미리 알고서 준비를 해야 한다. 추세가 불확실한 경우는 포지션을 줄여야 한다. 2년간 최저가에 있는 주식은 하락세에 있는 것이며, 다음에는 정말로 3년 만의 최저가에 도달할 수도 있다. 현재 힘을 얻고 있는 추세가 앞으로도 계속될 가능성이 큰 법이다.

011 해답 11. 손실의 원인

C. 1, 2, 3

● C라고 답했다면 4점을, 다른 대답을 했다면 2점을 준다.

무지는 초보자들의 파멸의 원인이다. 계속 손실을 보는 사람은 내면을 들여다보고 자기파괴적 성향을 찾아보아야 한다. 자본이 부족한 거래자는 성공에 필수적인 자금관리 원칙을 따르기 힘들다. 시장에는 나쁜 조언들이 넘쳐나지만, 좋은 조언과 나쁜 조언을 구별하고 확신이 안 설 경우 뒤로 물러날지 어떨지를 판단하는 것은 모두 당신의 책임이다.

012 해답 12. 알코올 중독자와 주식 실패자

3

● 답을 맞혔을 경우 3점을 준다.

알코올 중독자와 주식 실패자는 현실을 받아들이지 않으려는 상태에 있다. 그래서 자신이 얼마나 깊이 추락했는지 깨닫지 못한다. 이들이 이러한 상태를 벗어날 수 있도록 옆에서 도움을 주어야 한다. 과도한 스트레스에 시달리는 패배자들은 종종 육체적 문제를 겪는다. 하지만 만성 알코올 중독자만큼 심하지는 않다.

해답 13. 사업상의 리스크

1. C
2. B
3. A
4. D

● 답을 맞혔을 경우 각각 1점을 준다.

사업상의 리스크와 손실의 핵심적인 차이는 리스크의 경우 계좌 총액의 작은 비율로 한정된다는 사실이다. 둘 모두 거래 계좌에 피해를 줄 수 있고 거래자의 생존에 영향을 미칠 수 있다. 그런데 신중한 사업가는 피해를 감당할 수 있도록 리스크를 억제하고 장기 생존과 성공을 도모하는 법이다.

해답 14. 거래의 진실

B. 2와 5

● 답을 정확히 맞혔을 경우 5점을 주고, C 또는 D라고 답했다면 2점을 준다(둘 중 하나를 맞혔으므로).

거래는 비밀이 없다는 게 비밀이다. 성공은 노력과 자제심, 능력, 세부사항에 대한 주의력을 요구한다. 특히 처음―기본에 대해 배우고 있을 동안―에는 온전한 헌신이 요구된다. 거래의 원칙은 매우 매력적이다. 당신은 경주가 시작된 후 베팅을 하여 경주가 끝나기 전에 돈을 거두어갈 수 있다. 하지만 생존과 수익을 위한 전투는 위험으로 가득하며, 스릴과 흥분이 사람들의 주의를 흩뜨려놓는다.

해답 15. 거래에 관한 자세

D. 1, 2, 3, 4

● D라고 답했다면 5점을 주고, C 또는 E라고 답했다면 2점을 준다.

프로 거래자는 군중에서 떨어져 나와 스스로 결정한다. 시장이 그를 속인다고 해도 그는 아무도 비난하지 않는다. 대신 자신이 어떤 식으로 다르게 행동했어야 하는지를 조사한다. 그는 가격 상승과 하락에 대한 계획을 세움으로써 우위를 점한다. 이런 계획에 따라 남들이 무엇을 해야 할지 생각하는 동안 재빨리 행동에 나설 수 있다. 프로는 자신의 지식을 남들에게 알려주는 데 열성적이지 않다. 사람들은 대부분 거래 기법에 관해 묻지만, 그는 성공의 열쇠가 자제심이며 그것을 타인에게 가르치기는 매우 힘들다는 것을 알기 때문이다.

해답 16. 자제심

E. 모두 해당

● 답을 정확하게 맞혔다면 5점을 준다.

자제심을 갖춘 사람은 거래를 우선으로 생각하여 날마다 조사를 한다. 그는 모든 원칙을 테스트해보고, 시장을 조사하여 거래 신호를 찾고, 기록을 공들여 작성한다. 이런 기록 덕분에 그는 시장의 움직임뿐만 아니라 자기 자신의 행동을 검토하고 필요한 수정을 가할 수 있는 것이다. 다른 사람과 거래에 관해 터놓고 얘기를 나누는 것은 무척 해로운 행동이다. 자제심 있는 거래자는 결코 그런 행동을 하지 않는다.

017 **해답 17. 기록**

1. C
2. D
3. E
4. B
5. A

● 답을 맞혔을 경우 각각 1점을 준다.

기록을 빠뜨리지 않고 제때에 기록하는 행동은 자제심을 갖추고 있다는 증거다. 기록을 분석하면 많은 도움을 얻을 테지만, 우선 기록을 제대로 작성하고 관리하는 것만으로도 군중보다 한발 앞서나가고 있다고 할 수 있다.

018 **해답 18. 거래하는 법을 배우기 위한 과정**

E. 1과 4

● 답을 정확하게 맞혔다면 4점을 준다.

모든 거래자, 특히 초보자는 소수의 시장에 집중하고 매번 자신의 실적을 평가해야 한다. 자본이 너무 많거나 너무 많은 주식을 추적하면, 거래를 부주의하게 하게 된다. 돈을 버는 것이 거래의 최종적인 목표이지만, 이를 위한 첫 단계로 당신은 먼저 거래하는 법을 배워야 한다. 금액이 상대적으로 적은 계좌로 거래를 할 때 거래를 배우기가 쉽고 부담도 덜하다. 거래를 하며 흥분한다는 것은 곧 곤란에 빠질 것이라는 신호다. 사실 최상의 거래는 처음에는 애매해 보인다. 하지만 우리가 그런 거래에 뛰어드는 것은 우리의 원칙이 그렇게 하도록 지시하기 때문이다.

● 평가와 해법 ●

● 점수별 평가

– 33점 이하면 낙제 점수다. 거래 심리는 너무 중요하기 때문에 거래의 성공으로 가는 길에 절대로 빠뜨려서는 안 되는 요소다. 거래의 심리적 요구 사항은 직장 생활의 경우와는 매우 다르다. 독립성, 진취적 정신, 개인적 책임감은 뛰어난 거래자의 본질적인 특징이다. 이 테스트에서 좀더 높은 점수를 받기 전까지 다음 장으로 넘어가서는 안 된다. 아래에 추천하는 책의 내용들을 읽고 며칠 뒤 다시 테스트를 해보기 바란다.

– 33~38점이면 양호한 성적이다. 기본적인 개념을 파악하고 있다고 할 수 있다. 하지만 충분하지는 않다. 왜냐하면 거래 심리는 매우 중요하기 때문이다. 틀린 문제의 답을 찾아 다시 생각해보고, 아래에 추천하는 책의 내용들을 읽은 다음 며칠 뒤 다시 테스트를 하기 바란다.

– 39~44점이면 우수한 점수다. 완벽한 점수를 받지는 못했다고 해도 이 정도면 충분하다. 틀린 문제들을 찾아보고 실수를 한 것인지 아니면 심리적 리스크에 대해 또 다른 자기만의 생각을 갖고 있는 것인지 알아본다.

● 반드시 읽어야 할 내용

– 본책 4장

● 추가로 읽어야 할 내용

– 마크 더글러스『훈련된 트레이더The Disciplined Trader』
– 알렉산더 엘더,『Trading for a Living』1장과 2장
– 에드윈 르페브르,『어느 주식투자자의 회상』

019 **해답 19. 가격**

C. 4와 5

● 옳은 답을 고른 경우 4점을 준다. B라고 답했다면 2점을 준다 (둘 중 하나를 맞혔으므로).

가격은 가치와 동일하지 않고 가치의 위 혹은 아래로 상당히 멀리 떨어질 수 있다. 돈을 쥔 채 매매 결정을 하지 않고 시장을 보고 있는 잠재적 거래자들도 시장에 영향을 미친다. 그들의 존재 때문에 매도자와 매수자는 신속하게 행동에 나서도록 압력을 받는 것이다.

020 해답 20. 바차트

1. C
2. A
3. B
4. D

● 답을 맞혔을 경우 각 1점을 준다.

비전문적 거래자는 대개 저녁에 결론을 내리고 아침에 직장에 가기 전에 주문을 낸다. 전문가는 대개 폐장에 가까워올 무렵 시장을 장악하곤 한다. 모든 바의 고가는 그 바에서 매수 세력의 한계를, 모든 바의 저가는 그 바에서 매도 세력의 한계를 보여준다.

021 해답 21. 기본적인 차트 해석

1. C, D
2. B, C
3. A
4. E
5. B
6. D

● 답을 맞혔을 경우 각 1점을 준다(답에서 한 가지 사항만 맞혔을 경우에는 0.5점을 준다). 다음 해설을 읽고 보너스 문제를 정확히 맞혔을 경우 2점을 추가로 주고, 답이 부분적으로만 맞았을 경우에는 1점을 준다.

상승 추세선은 상승장의 바닥을 잇고(직선 A), 하락 추세선은 하락장의 천정을 잇는다(직선 B). 하락 추세에서 지지선 역할을 하는 영역은 상승 추세에서 저항선이 된다. 그 역도 마찬가지다(직선 C). 천정에서 가격의 움직임은 때때로 인근 바닥에서의 움직임과 대칭을 이룬다. 가짜 상향 돌파 B가 일어난 뒤 가짜 하향 돌파 D가 일어났다. 그림 3.1이 멕시코 지수의 차트임을 확인하라. 기술적 분석에는 국경이 없다.

차트의 오른쪽 가장자리에서 당신은 판단을 유보하거나 상승세를 예상해야 한다. 가격은 가짜 하락 돌파로부터 상승 중에 있다. 강세 패턴이다. 상승은 시작된 지 7일이 지났고, 하락 추세선으로 다가가고 있다. 이곳에서 가격은 강력한 저항을 만날 가능성이 크다. 따라서 이때부터 약세가 시작되리라 예상된다. 만약 가격이 저항을 뚫는다면, 그다음 목표점은 7월 초의 고점 수준이 될 것이다.

022 해답 22. 기본적인 차트 해석

1. D
2. A
3. B, C, E
4. F

● 답을 맞혔을 경우 각 1점을 준다(꼬리를 하나 놓쳤다면 0.5포인트를 준다). 아래의 해설을 읽고 보너스 문제를 정확히 맞혔을 경우 2점을 추가로 주고, 답이 부분적으로만 맞았을 경우에는 1점을 준다.

하락 추세선(A)이 점차적으로 낮아지는 상승 구간의 천정들을 잇고 있고,

상승 추세선(D)은 상승하는 바닥을 추적하고 있다. 추세선의 단절은 종종 추세의 끝을 나타낸다. 꼬리(B, C, E)는 가격이 어느 수준을 시험하다가 거부당했는지 보여준다. 가격은 캥거루 꼬리로부터 움츠러들었다. 채널선(F)은 추세선과 평행하게 그릴 수 있으며, 매수세와 매도세의 한계를 확인시켜 준다.

차트의 오른쪽 가장자리에서는 천정이 형성되고 있다. 따라서 롱 포지션의 이익을 실현할 시기다. 시장은 과매수 상태로, 가격이 상단 채널선을 쳤다. 단기 하락세다. 가격이 채널의 아래쪽 절반으로 하향 후퇴하기를 기다렸다가 롱 포지션을 취해야 한다.

023 해답 23. 기본적인 차트 해석

1. C–D, G–H
2. A, I, J
3. E
4. F
5. A–B, J–K

● 답을 맞혔을 경우 각 1점을 준다(답에서 한 가지 사항을 빠뜨렸을 경우에는 0.5점을 준다). 아래의 해설을 읽고 보너스 문제를 정확히 맞혔을 경우 2점을 추가로 주고, 답이 부분적으로만 맞았을 경우에는 1점을 준다.

하락 추세에서 지지선 역할을 하는 영역은 상승 추세에서 저항선이 된다. 특히 직선 C–D를 보면 이를 잘 알 수 있을 것이다. 거래량 스파이크 A, I, J는 가격 움직임이 끝에 가까웠다는 것을 암시한다. 하락은 영역 I에서 보듯 갑

자기 끝날 수 있고, 영역 A와 J에서처럼 어느 정도 지속될 수도 있다. A–B와 J–K에서는 상승 다이버전스가 형성되었다. 영역 E와 F는 이 차트에서 가격 하락 시 거래량 증가와 가격 상승 시 거래량 감소를 보여주는 몇 가지 예에 속한다. 이는 전형적인 하락장의 반응 형태다.

차트의 오른쪽 가장자리에서는 단기적으로는 강세를, 장기적으로는 약세를 예상해야 한다. 머크 사는 지금 큰 하락 추세에 있다. 이 차트에 나타나는 8개월 동안 머크 사의 주가는 95에서 60 근처로 하락했다. 주가가 위쪽의 저항선 G–H 쪽으로 기어가듯 하는 동안 거래량은 감소했다. 매수세가 약하므로 주가가 위쪽 저항선에 도달한 이후로 후퇴할 가능성이 크다.

● 평가와 해법 ●

● 점수별 평가

- 21점 이하는 낙제 점수다. 차트 해석 기법은 시장 분석가들의 기본적인 언어다. 지표도 중요하지만, 당신은 먼저 이런 기본 언어를 알아야 한다. 이 스터디 가이드의 나머지 부분으로 가기 전에, 여기서 추천하는 내용들을 읽고 공부하여 며칠 뒤 다시 테스트를 하기 바란다.

- 21~25점이면 양호한 점수다. 차트 해석의 핵심적인 개념을 이해하고 활용할 수 있는 수준이다. 하지만 추천하는 내용들을 읽고 부족한 부분을 메운 다음, 다시 한 번 테스트를 받고서 다음으로 넘어가기 바란다.

- 26~29점은 우수한 점수다. 당신은 차트를 펼쳐진 책처럼 쉽게 읽을 수 있을 것이다. 이제 현대의 전산화된 분석에 관한 지식을 테스트해 볼 차례다.

● 반드시 읽어야 할 내용

- 본책 5장 중 '기본적인 차트 해석'

● 추가로 읽어야 할 내용

- 로버트 D. 에드워드와 존 매기, 『주식 추세의 기술적 분석Technical Analysis of Stock Trends』

- 알렉산더 엘더, 『Trading for a Living』 3장

- 리처드 W. 샤바커, 『기술적 분석과 주식시장의 수익Technical Analysis and Stock Market Profits』

CHAPTER 04

지표 – 다섯 발의 탄환

024 **해답 24. 소프트웨어**

1. B

2. C

3. D

4. A

● 답을 맞혔을 경우 각 1점을 준다.

두 형태의 소프트웨어 패키지 모두 최신의 데이터를 투입해야 하고, 둘 다 스크린상에 차트와 지표를 표시한다. 하지만 여기서부터 둘은 서로 다른 길을 간다. 툴박스는 데이터 분석을 돕지만, 거래에 관한 결정은 당신 몫으로 남겨둔다. 반면 블랙박스는 거래에 관한 결정을 지시하여 생각이라는 성가신 일로부터 당신을 해방시켜준다고 말한다. 이 둘 모두 이익을 보장하지는 못한다. 적어도 툴박스는 그렇다. 하지만 툴박스를 사용하면 돈을 잃을 경우 소프트웨어에 책임을 돌리지 못하는 대신 자신의 실수로부터 배움을 얻을 수 있을 것이다.

025 해답 25. 지표

1. A
2. B
3. B
4. A
5. B

● 답을 맞혔을 경우 각 1점을 준다.

오실레이터는 추세추종 지표보다 훨씬 많다. 균형 잡힌 메시지를 얻기 위해서는 거래를 할 때 각 그룹으로부터 선택한 몇 개의 지표를 조합하는 것이 중요하다.

026 **해답 26. 시간**

1. B
2. A
3. B
4. B
5. A

● 답을 맞혔을 경우 각 1점을 준다.

마음에 드는 시간 스케일을 선택하여 한 단계 더 높은 시간 단위의 차트를 분석한 다음 중간 차트를 펼쳐 보라. 장기 차트는 더 큰 추세를 확인하고 전략적 결정을 내리는 데 유용하다. 두 개의 시간 스케일이면 충분하다. 세 개가 넘는 시간 스케일은 확실히 필요치 않다. 예컨대 데이 트레이더에게 주간 차트는 불필요하다. 상승장에서는 하락보다 상승폭이 더 크고 기간도 길다.

027 **해답 27. 이동평균**

1. D
2. A
3. B
4. E
5. C

● 답을 맞혔을 경우 각 1점을 준다.

이동평균선의 기울기는 시장을 장악하고 있는 것이 매수 세력인지 매도 세력인지 보여준다. 이동평균선의 기간이 짧을수록 속임수 신호는 더 많아진

120

다. 포지션 거래자는 종가를 평균해야 하고, 데이 트레이더는 고가·저가·종가를 평균해야 한다. 지수이동평균선은 단순 이동평균선과 달리 오래된 데이터가 제외될 때 왜곡 현상이 일어나지 않는다. 이동평균은 가치에 대한 평균적인 합의를 보여준다. 이동평균선 근처에서 매수하는 것을 가치 매수라 한다.

028 해답 28. 이동평균

1. I
2. A, L
3. E, G, H, J
4. D, F, K
5. M
6. B
7. B–C

● 답을 맞혔을 경우 각 1점을 준다(답에서 한 가지 사항을 빠뜨렸을 경우에는 0.5점을 준다). 보너스 문제를 정확히 맞혔을 경우 2점을 추가로 주고, 답이 부분적으로만 맞았을 경우에는 1점을 준다.

이동평균선의 상승 반전과 하락 반전은 추세 변화를 확인시켜준다. 이는 이동평균선의 가장 중요한 메시지다. 상승 중인 지수이동평균선 근처에서 매수를 하는 것이 가치 매수다. 반면 가격 상승을 쫓는 것은 바보 이론에 근거한 거래다. 과도한 가격을 지불한 뒤 자신보다 더한 바보가 나중에 더 많은 돈을 내고 자신의 주식을 사가기를 바라는 것이다. 영역 L은 하락 추세를 확인시켜준다. 영역 M에서 공매도를 하는 것은 가치 수준 아래에서 환매하기를 기대하며 가치 수준에서 매도하는 것이다. 캥거루 꼬리 B는 이중 바닥의 첫 번째 바닥이다. 가격은 이 영역을 뚫고 내려가려 했지만, 실패하고 강력한 상승이 시작되었다.

차트의 오른쪽 가장자리에서 시장은 하락세다. 하락하고 있는 지수이동평균에 의해 하락 추세가 확인된다. 공매도 신호 M은 여전히 유효하다. 전주의 고가 위로 손실제한주문을 계속 해두어야 한다. 만약 가격이 그 위로 상승하면, 가짜 하락 돌파와 함께 작은 이중 바닥이 완성되기 때문이다. 그러면 지수이동평균도 반전 상승할 것이다.

해답 29. 채널

1. C, E, F
2. D, G
3. A, H, I, K
4. B, J

● 답을 맞혔을 경우 각 1점을 준다(답에서 한 가지 사항을 빠뜨렸을 경우에는 0.5점을 준다). 보너스 문제를 정확히 맞혔을 경우 2점을 추가로 주고, 답이 부분적으로만 맞았을 경우에는 1점을 준다.

매수의 적기는 상승 추세일 때다. 상승 추세는 상승 중인 이동평균선으로 확인할 수 있다. 상승하고 있는 지수이동평균 근처에서 매수하면 가치 매수를 할 수 있다. 가격이 상단 채널선을 치면, 시장이 낙관주의로 가득하여 과매수 상태에 있다는 뜻이다. 이때는 주식을 매도하여 이익을 실현하기 알맞은 때다. 하락 추세에서는 반대다. 지수이동평균이 하락하고 있을 때, 지수이동평균 근처에서 주식을 공매도한다. 비관주의가 지나치게 팽배하여 가격이 하단 채널선에 도달했을 때 주식을 환매한다.

차트의 오른쪽 가장자리에서 전체적인 추세는 하락 추세다. 가격은 지수이동평균에 도달했다가 다시 그 아래로 내려갔다. 가격이 다음 며칠 동안 75 이상으로 상승하고 지수이동평균에 도달한다면, 공매도하여 하단 채널선 근처에서 환매할 기회를 얻을 수 있을 것이다. 그렇지 않다면 뒤로 물러나 계속하여 주가 움직임을 모니터하라. 하락 추세가 꽤 오랫동안 지속되었으므로 지수이동평균이 수평으로 눕는지 잘 보아야 한다. 지수이동평균이 상승하면, 강력한 매수 신호다.

030 해답 30. 채널

1. E
2. A
3. C
4. D
5. B

● 답을 맞혔을 경우 각 1점을 준다.

상단 채널선은 시장에 형성된 낙관주의의 통상적인 한계를 나타낸다. 반면 하단 채널선은 시장에 형성된 비관주의의 통상적인 한계를 보여준다. 상승 추세에서 엔벨로프는 천정을 싸안지만, 바닥은 하단 채널선에 도달하지 못할 수 있다. 하락 추세에서는 바닥이 엔벨로프에 닿지만, 천정은 엔벨로프에 도달하지 못할 수 있다. 시간 스케일이 커지면 엔벨로프의 폭도 커진다. 동일한 시장에서 주간 엔벨로프는 일간 엔벨로프보다 폭이 두 배 정도 넓다. 잘 그려진 엔벨로프는 최근 시장 가격의 95퍼센트를 싸안는다. 반면 볼린저 밴드는 시장의 변동성에 따라 폭이 커지거나 작아진다.

031 **해답 31. 거래에 관한 평가**

1. B(27%)
2. C(14%)
3. D(−25%, 손실)
4. A(39%)

● 답을 맞혔을 경우 각 1점을 준다.

상단 채널선에서 하단 채널선까지 채널폭을 잰다. 한 거래에서 채널폭의 30 퍼센트 이상을 이익으로 취한다면 A급 거래다. 이익이 20~30퍼센트라면 B급 거래고, 이익이 10~20퍼센트일 때는 C급 거래다. 만약 이익이 그보다 낮거나 손실을 기록한다면 D급이라고 할 수 있다. 이런 식으로 성적에 대한 평가를 해야 비로소 거래를 끝마쳤다고 할 수 있다.

032 **해답 32. MACD**

1. D
2. E
3. A
4. C
5. B

● 답을 맞혔을 경우 각 1점을 준다.

MACD선은 주요 지표이고, MACD 히스토그램은 이 지표로부터 파생되었으며 두 MACD선의 차이를 추적한다. MACD 히스토그램과 가격의 천정과 바닥 간에 형성되는 다이버전스는 기술적 분석의 가장 강력한 신호 가운데 하나다.

해답 33. MACD

1. F

2. E

3. A–B

4. C–D

5. B

● 답을 맞혔을 경우 각 1점을 준다. 보너스 문제를 정확히 맞혔을 경우 2점을 추가로 주고, 답이 부분적으로만 맞았을 경우에는 1점을 준다.

가격은 새로운 저점 A로 떨어졌다가 다시 더 낮은 저점 B로 떨어졌다. 하지만 여기서 MACD 히스토그램은 저점이 전보다 얕아졌다. 이 지표가 두 개의 저점 사이에서 '매도 세력의 기를 꺾으며' 중앙선 위로 얼마간 뚫고 올라간 것을 확인하라. 이런 강력한 강세 메시지는 B의 꼬리로 강화된다. 가격은 반등하여 새로운 고점 C에 도달했다가 잠시 멈춘 뒤 다시 D로 더 높아졌다. 반면 MACD 히스토그램은 매우 낮은 천정을 형성하며 하락 다이버전스를 완성했다. 이 와중에 두 개의 고점 사이에서 중앙선 아래로 하락이 일어난 것을 확인하라. 다이버전스는 MACD 히스토그램의 가장 강력한 신호다. 하지만 MACD 히스토그램에는 그보다 훨씬 많은 상승과 하락이 일어나며, 영역 E나 F뿐만 아니라 차트 전체에서 시장의 움직임을 확인시켜주고 있다.

차트의 오른쪽 가장자리에서는 하락세를 예상해야 한다. MACD 히스토그램의 하락이 지수이동평균의 하락 추세를 확인시켜주고 있다.

해답 34. 강도지수

1. B, C
2. E, F, G
3. A
4. A, D, E, H

● 답을 맞혔을 경우 각 1점을 준다(답에서 한 가지 사항을 빠뜨렸을 경우에는 0.5점을 준다). 보너스 문제를 정확히 맞혔을 경우 2점을 추가로 주고, 답이 부분적으로만 맞았을 경우에는 1점을 준다.

상승 추세 시 강도지수가 0 아래로 떨어졌을 때 매수 신호다. B와 C 외에도 지수이동평균이 상승하고 있을 때 강도지수가 음수가 되면서 매수 신호를 보내는 곳은 몇 군데 더 찾을 수 있다. 강도지수는 하락 추세 시 0 위로 상승할 때 매도 신호를 보낸다. 강도지수를 통해 여러 다른 지점과 함께 E, F, G에서 공매도 기회를 찾을 수 있다. 영역 A의 상승 다이버전스는 가격이 새로운 저점을 시도하는 동안 강도지수의 저점이 전보다 얕아지면서 발생했다. 강도지수의 스파이크는 추세의 동력 소진을 확인시켜주고 있다. 이 차트는 과거 GX의 하락장을 보여주지만, 그렇다 하더라도 강도지수의 하락 스파이크 대부분은 그 뒤에 상당한 가격 상승 흐름이나 하락 추세의 중단을 가져왔다.

차트의 오른쪽 가장자리에서는 판단을 유보하거나 하락세를 예상해야 한다. 지금까지 시장은 하락세였는데 최근의 스파이크가 하락을 중단시켰다. 가격은 한동안 이 상태로 유지될 가능성이 크다. H의 저점이 돌파되는지 혹은 상승 다이버전스가 일어나는지 지켜보아야 한다. 그러면 하락이 지속될지 혹은 반전이 일어날지 알 수 있을 것이다.

해답 35. 강도지수

4의 설명은 해당되지 않는다.

● 답을 맞혔을 경우 3점을 준다.

강도지수는 어제와 오늘의 가격 변화를 반영하고, 거래량의 변화가 아니라 오늘 거래량의 절댓값을 이용한다.

해답 36. 엘더-레이

1. D
2. E
3. A
4. C
5. B

● 답을 맞혔을 경우 각 1점을 준다.

지수이동평균의 기울기가 추세를 확인시켜준다면, 매수 세력 강도와 매도 세력 강도는 각 바의 고가와 저가가 지수이동평균으로부터 얼마나 벗어났는지 보여준다. 상승 추세에서의 매수 적기는 바가 지수이동평균을 가로지르지만 매도 세력 강도가 다시 상승하기 시작할 때다. 하락 추세에서의 공매도 적기는 바가 지수이동평균을 가로지르지만 매수 세력 강도가 다시 하락하기 시작할 때다.

해답 37. 엘더-레이

1. A, C, D
2. F
3. B
4. B-E
5. E

● 답을 맞혔을 경우 각 1점을 준다(답에서 한 가지 사항을 빠뜨렸을 경우에는 0.5점을 준다). 보너스 문제를 정확히 맞혔을 경우 2점을 추가로 주고, 답이 부분적으로만 맞았을 경우에는 1점을 준다.

지수이동평균의 기울기로 확인한 추세가 상승 추세이고 매도 세력 강도가 음수가 되었다가 다시 상승할 때는 매수 신호다. 이런 일이 4~5월의 상승 추세 기간 동안 3차례 일어났다. 그 반대로 공매도 신호는 지수이동평균이 하락 추세를 보여주고 매수 세력 강도가 0 혹은 그 위로 상승했다가 다시 하락할 때 발생한다. 매수 세력 강도가 몇 개월 만에 최고점을 기록할 때마다 매수 세력의 힘을 확인시켜주면서 가격 상승을 예고한다. 영역 E로 들어가기 바로 전에 매수 세력 강도는 랠리 이후 처음으로 음수가 되었다. 매수 세력 강도는 더 낮은 고점을 기록하면서 하락 다이버전스를 형성했다. 이 강력한 매도 신호는 캥거루 꼬리에 의해 확인된다. 중요한 기술적 신호들은 종종 서로를 확인시켜준다.

차트의 오른쪽 가장자리에서는 하락세를 예상할 수 있다. 지수이동평균으로 확인되는 추세는 지금까지 하락세고 매도 세력 강도는 계속 낮아지고 있다. 한편 매수 세력은 수면 아래에 잠겨 있다. 공매도를 하려면 가격이 지수이동평균으로 상승할 때를 기다려야 한다.

038 해답 38. 스토캐스틱

1. C, E, I, J, L
2. A, B, D, F, G, H, K
3. I–J
4. A–B, G–H

● 답을 맞혔을 경우 각 1점을 준다(답에서 한 가지 사항을 빠뜨렸을 경우에는 0.5점을 준다). 보너스 문제를 정확히 맞혔을 경우 2점을 추가로 주고, 답이 부분적으로만 맞았을 경우에는 1점을 준다.

스토캐스틱은 과매수 상태를 확인시켜주며, 상단 참조선에 도달했다가 하락할 때 매도 신호를 생성한다. 스토캐스틱은 또한 과매도 상태를 확인시켜주며, 하단 참조선에 도달했다가 상승할 때 매수 신호를 생성한다. 지표와 가격 간의 다이버전스는 기술적 분석의 가장 강력한 신호를 제공한다. 가격은 A에서 B로 더 높은 고점을 만들었지만, 스토캐스틱은 전보다 낮은 고점을 기록하면서 매우 강력한 매수 신호를 제공했다. 이 패턴은 영역 G–H에서도 다시 생겨났다. 가격이 47.50 위의 저항선을 돌파하려고 시도했을 때다. 서로 다른 기술적 패턴이 똑같은 메시지를 보낼 때는, 상호 확인으로 메시지가 강화된다.

차트 오른쪽 가장자리에서는 판단을 유보해야 한다. 주가는 방금 새로운 저가를 기록했지만, 스토캐스틱은 아직 아무것도 확인시켜주지 않고 있다. 방아쇠에 손을 올려놓고 스토캐스틱이 상승할 때를 기다려라. 스토캐스틱이 영역 L에서보다 높은 수준에서 상승하면, 상승 다이버전스가 형성되면서 강력한 매수 신호가 발생한다. 반면 스토캐스틱이 상승 반전으로 상승 다이버전스를 만들지 않는다면, 하락 추세의 강도가 확인된다. 이때는 계속 숏 포지션을 취하고 있어야 한다.

 해답 39. 스토캐스틱

4

● 답을 맞혔을 경우 4점을 준다.

스토캐스틱은 과매수와 과매도 상태를 나타내어 가장 적합한 매수 및 매도
영역을 확인시켜주는 오실레이터다. 다른 대부분의 지표들과 비슷하게, 스
토캐스틱 다이버전스는 강력한 매수 및 매도 신호다. 하지만 스토캐스틱은
추세를 확인시켜주지 않는다. 추세 확인은 이동평균선이나 MACD 같은 추
세추종 지표에서 하는 일이다.

● 평가와 해법 ●

● 점수별 평가

– 58점 미만은 낙제. 전산화된 지표는 강력한 도구로서 군중 행동에 관한 중요한 통찰력을 제공한다. 당신은 거래를 시작하기 전에 지표들에 대해 더 잘 이해할 필요가 있다. 스터디 가이드의 다른 부분으로 넘어가기 전에, 여기서 추천하는 내용들을 찾아 읽고 열심히 공부해서 며칠 뒤 다시 테스트를 하기 바란다.

– 58~70점은 양호. 전산화된 기술적 분석의 핵심적인 개념들을 이해하고 있다 하겠다. 하지만 자신의 거래 방식을 볼 때 이 정도 이해 수준으로 충분한지 아니면 여기서 추천하는 내용들을 읽고 다시 한 번 테스트를 해볼지 결정해야 한다.

– 71~86점은 우수. 전산화된 기술적 분석을 제대로 파악하고 있다. 당신은 시장을 읽는 법을 알고 있으므로, 이제는 거래에 관한 지식을 테스트해볼 차례다.

● 반드시 읽어야 할 내용

– 본책 5장 중 '지표: 다섯 발의 탄환'

● 추가로 읽어야 할 내용

– 알렉산더 엘더, 『Trading for a Living』 4장

– 찰스 르보와 데이비드 W. 루카스, 『기술적 거래자를 위한 선물시장의 전산 분석 가이드Technical Traders Guide to Computer Analysis of the Futures Market』

– 존 J. 머피, 『금융시장의 기술적 분석』

CHAPTER 05

거래

040 **해답 40. 시스템**

D. 1, 2, 3, 4

● 답을 맞혔을 경우 4점을 준다(C 또는 E라고 답했을 경우 2점을 준다).

좋은 거래 시스템은 엄청난 양의 시장 정보에서 몇 가지 핵심적인 요소를 끄집어낸다. 시장을 움직이는 요소는 느리지만 계속 변화한다. 시스템 매개변수를 시간의 경과와 함께 조절해주어야 하는 것도 이 때문이다. 시장에 대한 뛰어난 감각을 갖고 있는 자유재량 방식의 거래자는 때마다 다른 요소들에 집중한다. 초보자들은 너나없이 진입에 몰두하지만, 돈을 버는 것은 거래에서 빠져나올 때라는 것을 명심해야 한다.

자동 거래 시스템은, 특히 업자로부터 구입한 경우 도박꾼의 꿈에 불과할 뿐이다. 거래는 꾸준한 작업과 노고를 요구한다.

041 해답 41. 시스템 테스트

C. 1, 2, 3

● 답을 맞혔을 경우 4점을 준다.

거래에 이용할 가치가 있는 시스템은 어떤 기간에 대해 손실보다는 이익이 날 것으로 예상할 수 있는 시스템이다. 이런 시스템을 발견하기 위해서는 직접 시스템을 테스트하는 방법밖에 없다. 전산화된 테스트가 보다 객관적일 수 있다는 장점을 갖지만, 수동 테스트로는 모든 심리적인 스트레스와 함께 거래의 경험을 매우 유사하게 재현할 수 있다는 더 큰 이점을 누릴 수 있다. 수익성뿐만 아니라 자신의 기질에도 적합한지 알아보기 위해서는 당신이 직접 수동으로 테스트를 해보아야 한다.

매개변수는 대부분 변경할 수 있지만, 자금관리 원칙을 비롯한 몇 가지 원칙들은 고수해야 한다. 이런 원칙을 없앨 경우 시스템이 더 나은 결과를 낳는 것처럼 보일지라도 계좌를 무제한적인 리스크에 노출시키는 결과를 가져올 수 있다.

042 해답 42. 모의 거래

C. 1, 2, 3

● 답을 맞혔을 경우 4점을 준다.

모의 거래는 자제심을 테스트할 수 있다는 데 가장 큰 가치가 있다. 많은 사람들이 실제 거래에서 돈을 잃고서 모의 거래를 하게 되는 것이 사실이지만, 무엇보다 이를 통해 날마다 자기 몫의 숙제를 할 수 있다. 제대로 할 경우, 모의 거래는 실제 거래와 거의 비슷한 시간이 든다. 모의 거래의 결과는 실제 거래 때보다 늘 좋게 나타나는데, 돈을 잃을지 모른다는 부담이 없기 때문이다.

043 해답 43. 지표

1. C
2. D
3. A
4. D
5. B

● 답을 맞혔을 경우 각 1점을 준다.

누구도 지표의 방향이라든가 값에 대해 왈가왈부할 수 없다. 이 때문에 지표의 신호가 기술적 분석보다 객관적인 것이다. 3개의 지표 그룹은 거의 언제나 서로 모순되는 신호를 발생시킨다. 이런 충돌을 피하면서 각 지표의 이점을 활용하는 것이 바로 기술적 분석의 가장 큰 도전이라고 하겠다.

해답 44. 시간 스케일

D. 1, 2, 3, 4

● 답을 맞혔을 경우 4점을 준다.

서로 다른 시간 스케일의 신호 사이에 발생하는 모순은 도전이자 기회다. 우리는 신호를 상쇄하여 최상의 신호만을 남겨둘 수 있다. 단기와 장기 차트는 중간 시간 스케일에 5의 법칙을 적용하여 정의한다. 단기 차트를 이용하면 시장에 보다 가깝게 접근할 수 있다. 그러나 장기 차트로 전략적 결정을 내린 뒤 분석을 시작하는 것이 무엇보다 중요하다.

해답 45. 삼중 스크린

3

● 답을 맞혔을 경우 4점을 준다.

삼중 스크린의 핵심 원칙 하나는 여러 개의 시간 스케일을 통해 결정을 내린다는 것이다. 시간 스케일은 장기에서 단기로 옮겨간다. 예컨대 주간 차트, 일간 차트, 일중 차트로 작업을 한다면, 강세장을 예상하든 약세장을 예상하든 주간 차트에서 전략적 결정을 내리고 일간 차트에서 전술적 결정을 내리고 마지막으로 일중 차트를 이용하여 진입 시점을 결정한다.

해답 46. 진입

4

● 답을 맞혔을 경우 3점을 준다.

상향 돌파 시 매수하면 추세를 탈 수 있는 반면, 하향 후퇴 때 매수하면 더 낮은 가격으로 시장에 진입할 수 있다. 이 둘 모두 받아들일 수 있는 진입 기법이다. 하지만 다음날 개장 때 어떤 가격을 지불해야 할지 알지도 못한 채 주문을 내는 것은 좋은 생각이 아니다.

해답 47. 이익 실현

D. 1, 2, 3, 4

● 답을 맞혔을 경우 4점을 준다.

거래 청산에는 많은 방법이 있다. 장기 거래자는 지수이동평균이나 저항선, 채널을 주시하는 반면 단기 거래자는 채널이나 강도지수의 스파이크 등에 집중한다. 마음에 드는 방법을 활용하는 것은 좋지만 '직감으로' 결정을 내려서는 안 된다. 오늘 직감에 따라 팔면 내일은 직감에 따라 사고 싶은 마음이 들 것이다. 그러면 이때부터 진짜 문제가 시작된다.

● 평가와 해법 ●

● 점수별 평가

- 24점 미만은 낙제. 당신은 실제로 돈을 걸기 전에 거래에 관해 배우는 데 좀더 시간을 들여야 할 필요가 있다. 여러 시간 스케일을 조합하여 시스템과 지표를 테스트해보는 것은 성공적인 거래에서 빼놓을 수 없는 일이다. 스터디 가이드의 다른 부분으로 넘어가기 전에 아래에 추천한 내용들을 찾아 읽고 열심히 공부해서 며칠 뒤 다시 테스트를 하기 바란다.

- 24~28점은 양호. 당신은 거래의 핵심 개념을 이해하고 있다. 하지만 틀린 문제들을 다시 한 번 살펴볼 필요가 있다. 이 부분은 의문부호를 몇 개 남겨두기에는 너무 중요하다.

- 29~32점은 우수. 당신은 거래의 핵심 개념을 충분히 이해하고 있다. 데이 트레이딩에 관심이 있다면, 다음 장으로 가라. 만약 관심이 없다면, 6장을 건너뛰고 바로 7장의 고급 개념 부분을 봐도 된다.

● 반드시 읽어야 할 내용

- 본책 6장 중 '시스템 테스트'와 '삼중 스크린 거래 시스템'

● 추가로 읽어야 할 내용

- 알렉산더 엘더,『Trading for a Living』9장 중 '삼중 스크린 거래 시스템'

데이 트레이딩

해답 48. 데이 트레이딩의 문제

D. 1, 2, 3, 4

● 답을 맞혔을 경우 4점을 준다.

데이 트레이딩은 이익이 적고 비용이 높다. 기다려야 하는 시간이 상당하지만, 신호가 나타나면 즉각 이를 알아채 두 번 생각하지 않고 거래에 들어가야 한다. 손실은 포지션 거래보다 대개 적다. 손실이 나더라도 적어도 그날이 끝나기 전에는 청산이 되기 때문이다.

해답 49. 거래 심리

C. 1, 4

● 답을 맞혔을 경우 4점을 준다.

데이 트레이딩은 포지션 거래보다 훨씬 높은 집중력을 요구한다. 생각할 여유가 없기 때문이다. 실수를 바로잡을 시간이 없기 때문에 충동적 행동은 끔찍한 결과를 낳는다. 데이 트레이딩은 비용이 많이 드는 사업이다. 높은 수수료를 부담해야 하고, 소프트웨어와 데이터, 그리고 다른 여러 툴을 구입해야 하기 때문이다. 중개인과 판매업자들이 데이 트레이딩을 좋아하는 것은 이런 이유에서다. 성공을 위해서는 자신의 충동에 대해 제대로 알아야 하고 이를 제어하기 위해 노력해야 한다. 문서로 작성한 계획은 충동을 자제하기 위한 첫 걸음으로, 당신에게 큰 도움이 될 것이다.

해답 50. 데이 트레이딩

2번이 답이다. 저가주는 데이 트레이딩에 맞지 않다.

● 답을 맞혔을 경우 4점을 준다.

데이 트레이딩을 할 만한 주식을 찾는 데 필수적인 두 가지 기준은 유동성과 변동성이다. 가장 활발하거나 가장 인기 있는 주식들 가운데서 거래량이 많고 꾸준히 큰 움직임을 보이는 주식을 찾아야 한다. 저가주는 투자자들에게는 유망할 수 있지만, 데이 트레이더들에게는 그렇지 않다. 일일 거래 범위가 너무 좁고 유동성이 작기 때문이다.

051 **해답 51. 개장 가격 범위**

1. D

2. E

3. C

4. B

5. A

● 답을 맞혔을 경우 각 1점을 준다.

일별 거래량곡선은 보통 U자형이다. 거래량은 거래의 최초 30분과 마지막 30분에 가장 많다. 거래일 하루의 초반에는 외부자 군중이 시장으로 몰려들고, 폐장에 가까워올 때는 프로들이 시장을 지배한다. 개장 가격 범위가 넓으면 그날의 고가와 저가가 될 가능성이 크고, 개장 가격 범위가 좁으면 돌파가 일어날 가능성이 크다.

052 **해답 52. 데이 트레이딩**

1. B

2. A

3. D, E, F, G

4. C

5. C-H

● 답을 맞혔을 경우 각 1점을 준다(답에서 한 가지 사항을 빠뜨렸을 경우에는 0.5점을 준다). 보너스 문제를 정확히 맞혔을 경우 2점을 추가로 주고, 답이 부분적으로만 맞았을 경우에는 1점을 준다.

하락 갭이 처음 일어났을 때는 하락 추세가 계속될지 아니면 피로감으로 인한 일시적인 하락 뒤에 시장이 다시 상승 반전할지 분간하기 힘들다. 개장 가격 범위에서 일어난 하락 돌파는 하락 추세를 확인시켜주며 그날 하루 중 처음으로 공매도 신호를 발생시킨다. MACD 히스토그램의 바닥이 깊어지면서 매수 세력이 점점 더 강해지고 있다는 것을 보여준다. 따라서 가격이 낮아질 것으로 예상해야 한다. 거래 마지막 시간에 가격은 새로운 저점을 기록한 반면 MACD 히스토그램은 바닥이 더 높아졌다. 이런 상승 다이버전스는 매수 신호다. 따라서 숏 포지션의 이익을 취할 시기다.

차트 오른쪽 가장자리에서는 하락세를 예상해야 한다. 지금까지의 추세는 하락세였고, 가격은 저점 근처에서 마감되었다. 따라서 다음날 개장 때 가격은 더 낮아질 것으로 예상해볼 수 있다. 데이 트레이딩의 장점은 오버나잇 리스크가 없다는 것이다. 개장을 기다려 개장 가격 범위를 모니터하고, 그런 다음 돌파 때 거래에 들어갈 수 있다.

 해답 53. 일별 계획

C. 1, 2, 3

● 답을 맞혔을 경우 4점을 준다.

전략적 결정을 내리기 가장 좋은 때는 개장 전이다. 이때 주가가 이렇게 움직이면 이런 식으로 거래하겠다 따위를 결정해둔다. 그런 다음 하루 종일 주가의 움직임을 관찰하면서 조건이 충족되는 순간 신속히 행동할 준비를 한다. 정보나 소문을 듣는다고 해서 해가 될 것은 없다. 해당 주식을 관심을 갖고 있는 다른 주식들과 똑같은 스크린에서 검토하는 한 문제가 될 리 없다. 어쩌면 당신은 이들 주식을 정기적인 모니터링 리스트에 올려놓아야 할지도

모른다. 사람들이 가득 찬 방 안에서 거래를 하면 감정적인 결정을 내리기가
쉽다. 성공적인 거래자는 거의 언제나 대중들에게서 떨어져 나와 트레이딩
룸의 가장자리에 앉아 있다.

● 평가와 해법 ●

● 점수별 평가

- 21점 미만은 낙제. 이런 점수를 받았다면, 당신은 데이 트레이딩 근처에도 가지 않는 것이 좋을 것이다. 만약 데이 트레이딩을 할 생각이 있다면, 여기서 추천하는 내용들을 읽고 열심히 공부하여 테스트를 다시 하기 바란다.
- 21~24점은 양호. 당신은 데이 트레이딩의 핵심 개념을 이해하고 있다. 그래도 틀린 문제를 검토해보기 바란다. 이 부분은 모르는 것을 그냥 남겨둔 채 넘어가기에는 너무 중요하다!
- 25~28점은 우수. 당신은 데이 트레이딩의 핵심 개념에 관해 매우 잘 알고 있다. 다음 장에 나오는 고급 개념의 질문들 역시 데이 트레이딩에 적용될 수 있다는 점을 알아두기 바란다.

● 반드시 읽어야 할 내용

- 본책 6장 중 '데이 트레이딩'

● 추가 내용

- 제럴드 아펠, 『제럴드 아펠의 데이 트레이딩』(비디오)

054 ### 해답 54. 임펄스 시스템

1. E

2. B

3. D

4. F

5. A

6. C

● 답을 맞혔을 경우 각 1점을 준다.

지수이동평균의 기울기는 시장 관성의 방향을 보여준다. 반면 MACD 히스토그램의 경사는 시장 모멘텀의 방향을 나타낸다. 이 두 지표의 메시지를 결합시킨다는 것이 임펄스 시스템의 핵심이다. 모멘텀의 존재를 확인하기 위해 기다리면 기다릴수록 이익은 줄어든다. 모멘텀 트레이딩에서 심리적으로 가장 어려운 일은 성공적인 거래 도중에 이익을 실현하기 위해 빠져 나오는 것이다.

055 해답 55. 임펄스 시스템

1. D, F
2. A, B, C, E, G, H

● 정확히 맞힌 신호군 하나하나에 대해 1점을 준다. 보너스 문제를 정확히 맞혔을 경우 2점을 추가로 주고, 답이 부분적으로만 맞았을 경우에는 1점을 준다.

지수이동평균과 MACD 히스토그램이 동시에 상승할 때 매수 신호가 나타난다. 둘 다 하락하면 매도 신호가 발생한다. 주간 상승 추세(차트는 제시되지 않았지만)는 강세 신호를 한층 강화시켜준다. 매도 신호군은 상승 추세에 대한 반작용이다. 이런 신호가 중단되면, 곧바로 상승 추세가 다시 시작된다.

차트의 오른쪽 가장자리에서는 판단을 유보해야 한다. 상승 추세가 오랫동안 진행되었고, MACD 히스토그램은 약화되어가고 있다. 롱 포지션에 대한 손실제한주문을 바짝 붙여두어야 한다.

해답 56. 임펄스 시스템

1. E

2. B, C, F, G

3. A

4. C

5. B, D

6. D-G

● 답을 맞혔을 경우 각 1점을 준다(답에서 한 가지 사항을 빠뜨렸을 경우에는 0.5점을 준다). 보너스 문제를 정확히 맞혔을 경우 2점을 추가로 주고, 답이 부분적으로만 맞았을 경우에는 1점을 준다.

이날은 일련의 공매도 신호로 시작되었다. 하락 갭이 발생했고, 이어 임펄스 매도 신호 무리가 형성되었다. 그 뒤 개장 가격 범위로부터 하락 돌파가 일어났으며, 이어 더 많은 임펄스 매도 신호들이 생겨났다. MACD 히스토그램의 바닥이 전보다 깊어졌을 때는 가격이 더 낮아질 것이라는 예상을 할 수 있다. 최상의 데이 트레이딩 기회가 구간 초반에 나타났지만, 임펄스 시스템은 하루 종일 매도 신호를 계속 보내고 있다. G에서 가격은 새로운 저점으로 내려갔다. 이때 MACD 히스토그램의 상승 다이버전스가 형성되면서 공매도 거래를 하고 있는 데이 트레이더들에게는 마지막으로 이익을 취할 수 있는 기회가 찾아왔다.

차트 오른쪽 가장자리에서는 판단을 유보해야 한다. 그동안의 추세는 하락세고 가격의 흐름이 약하며 장은 저가 근처에서 끝이 났지만, 그럼에도 상승 다이버전스가 형성되었다. 다음날은 25분 차트를 체크하면서 임펄스 시스템의 최초 신호들을 좇을 준비를 해야 한다.

해답 57. 청산

B. 1과 2

● 답을 맞혔을 경우 4점을 준다.

대부분의 사람들은 돈을 잃을 위험이 없을 때 훨씬 객관적이다. 이성적인 거래자는 거래에 들어가기 전에 이익과 리스크를 측정하여 둘을 비교해보고 거래를 할 건지 말 건지 결정한다. 그는 예상되는 리스크보다 예상 이익이 큰 거래를 선택하려 할 것이다. 그 비율이 높을수록 더 좋다. 청산 목표점이 채널선일 경우 이 목표점은 시간의 경과와 함께 움직일 테지만, 거래에 들어가기 전에 대략적으로 이런 목표점을 생각해두는 것이 중요하다.

해답 58. 청산

C. 1, 2, 3

● 답을 맞혔을 경우 4점을 준다.

통계적으로 입증된 몇 가지 시장 행동 가운데 하나는 가격이 가치의 위아래로 변동하는 경향이 있다는 사실이다. 채널을 활용하면 시장의 조증 상태를 확인하여 롱 포지션을 처분하고 공매도 거래를 할 수 있고, 시장의 침체 상태에서는 이를 확인하여 공매도한 주식을 환매하고 롱 포지션을 취할 수 있다.

거래에 들어가기 전에, 채널이 충분히 넓어 거래할 가치가 있는지 확인해야 한다. 잘 그린 채널은 가격의 95퍼센트가량을 싸안지만, 완벽한 채널이란 존재하지 않는다. 간혹 가격 변동이 너무 강력하여 가격이 채널을 뚫고 나오기도 하지만, 변동이 너무 약할 때는 채널선에 도달하지 못할 수도 있다.

해답 59. 청산

1. A, C, D

2. B, E

● 정확하게 맞힌 신호에 대해 각 1점을 준다. 보너스 문제를 정확히 맞혔을 경우 2점을 추가로 주고, 답이 부분적으로만 맞았을 경우에는 1점을 준다.

잘 그려진 채널에서 가격이 상단선을 치면, 시장이 조증 상태에 있다는 뜻으로 매도 신호가 된다. 미리 채널선에 매도 주문을 낼 수도 있다. 아니면 스크린 앞에 앉아 있으면서 가격이 채널선을 뚫고 올라가는 것을 보고 있다가 새로운 고점 기록에 실패하거나 하향 후퇴가 일어나 가격이 위에서 채널 벽을 칠 때까지 기다릴 수도 있다.

가격이 아래쪽 채널 벽에 도달할 때는 공매도한 주식을 환매할 때다. C와 D 사이에 환상적인 매수 신호가 있는 것을 확인하라. 가격이 강력한 상승을 시작하기 전에 지수이동평균으로 하락한 지점이다. 이 매수 신호를 붙잡는 유일한 방법은 날마다 다음날의 지수이동평균 값을 예측하고 미리 거기에다 매수 주문을 해놓는 것이다.

차트 오른쪽 가장자리에서는 상승세를 예상해야 한다. 지수이동평균이 상승 중이고, 가격은 지수이동평균을 가로지르면서 가치 매수 기회를 제공하고 있다. 이때 주식을 매수하고 상단 채널선에서 이익을 실현한다는 계획을 세워야 한다.

060

해답 60. 손실제한주문

옳음: 1, 4, 5

틀림: 2, 3

● 답을 맞혔으면 각 1점을 준다.

기술적 분석과 자금관리 원칙에 따라 미리 손실제한 가격을 정해두고, 거래에 들어간 뒤 곧바로 주문을 해두어야 한다. 대부분 거래자들의 경우 반드시 실제로 손실제한주문을 해두어야 한다. 다만 자제심이 강한 프로들은 마음속으로만 손실제한주문을 해둘 수도 있다.

하지만 손실제한주문을 해둘 필요가 없다고 생각하고 이른바 고급 분석에만 의존하는 것은 오만의 증거다. 셀 수 없이 많은 거래자들이 파탄 난 것은 바로 이런 오만 때문이었다.

061

해답 61. 안전영역 손실제한주문 기법

1. B

2. E

3. D

4. C

5. A

6. F

● 답을 맞혔으면 각 1점을 준다.

시장 노이즈는 오늘의 극단 값이 어제의 극단 값 밖으로 튀어나간 정도를 말한다. 여기서 말하는 극단 값은 하락 추세에서는 고가, 상승 추세에서는 저

가가 된다. 평균 침범값은 조사 기간 동안 형성된 시장 노이즈의 평균 수준
이다. 손실제한주문 가격을 정하려면 하락 추세에서는 평균 상승 침범값에
계수를 곱한 다음 이 값을 고가에 더하고, 상승 추세에서는 평균 하락 침범
값에 계수를 곱한 다음 이 값을 저가에서 빼주어야 한다.

062 해답 62. 증거금 거래

D. 1, 2, 3, 4

● 답을 맞혔으면 4점을 준다.

증거금 대출은 판단이 옳을 때는 대단히 큰 효과를 볼 수 있지만, 손실 거래
때는 그만큼 더 큰 피해를 본다. 증거금 대출을 통해 거래를 하면 비용이 증
가할 뿐 아니라 스트레스 수준도 높아진다. 자신이 가진 것 이상으로 거래를
하는 것이기 때문이다. 증거금 거래를 하는 소액 거래자는 판단이 옳을 때
더 많은 돈을 벌 수 있다 해도, 결국에는 거의 틀림없이 현금 거래자보다 실
적이 좋지 않다.

063 해답 63. 추세와 스윙(단기 변동)

1. A
2. C
3. A
4. B
5. B

● 답을 맞혔으면 각 1점을 준다.

추세는 그전까지 별로 눈에 띄지 않았던 주식이 평온했던 거래 범위에서 나오면서 시작되곤 한다. 주추세를 좇는다면, 채널폭은 별로 중요하지 않다. 주가는 추세 내에서 변동할 가능성이 크기 때문에 손실제한주문 가격을 넓게 잡아야 한다. 스윙 거래에서는 채널폭이 넓어야 하고 활발하게 거래를 해야 하며 채널선에서 이익을 실현해야 한다.

　　추세 거래든 스윙 거래든 거래가 쉽다고 하는 사람이 있다면, 그는 천재이거나 초보자일 텐데 당연히 초보자일 가능성이 훨씬 크다.

064　해답 64. 옵션

3

● 3번은 옵션 가격에 영향을 미치는 요소가 아니다. 답을 맞힌 경우 4점을 준다.

만기일까지의 기간이 길수록, 행사가격과 가까울수록, 변동성과 이자율이 높을수록 옵션은 가격이 높다. 옵션은 시장의 변동성에 크게 좌우됨에도 불구하고 추세에는 영향을 받지 않는다.

065　해답 65. 옵션

1. B
2. E
3. A
4. C
5. D

● 답을 맞혔으면 각 1점을 준다.

옵션은 엄청난 범위의 선택을 제공한다. 단순 콜옵션 매수—초보자들이 즐겨 취하는 옵션 거래 방법—부터 대각 나비형 스프레드 매입이나 그 이상까지. 수준 높은 거래자는 옵션 매수보다는 옵션 발행을 더 좋아한다.

066 해답 66. 옵션

C. 1, 2, 3

● 답을 맞혔으면 4점을 준다.

방비 옵션 발행은 돈이 많이 드는 사업이다. 주식과 옵션 양쪽으로 수수료를 지불해야 하기 때문이다. 무방비 옵션 발행은 발행자를 무제한적인 리스크에 노출시킨다. 이런 이유로 옵션 발행에서는 자금관리가 대들보 같은 역할을 한다. 옵션 발행자는 희망을 팔아 이익을 챙긴다. 성취될 가능성이 없는 희망을 파는 것이 더 좋다. 따라서 하락 추세에서는 콜옵션을, 상승 추세에서는 풋옵션을 팔라.

시간은 옵션 발행자들의 편이다. 그가 판 옵션은 하루하루가 갈 때마다 가치를 잃어버리기 때문이다. 만약 당신이 판 옵션이 거의 가치를 잃어버렸다면 만기를 기다릴 필요가 없다. 옵션을 되사서 리스크를 없애버리고 다른 거래에 뛰어들라.

067 해답 67. 선물

1. D
2. E
3. A

4. B

5. C

● 답을 맞혔으면 각 1점을 준다.

당신이 밀을 재배하는데 그만한 양의 선물 계약을 팔아 헤징을 한다면, 재배기와 수확기 사이의 가격 리스크를 제거할 수 있다. 수확기가 되면 밀을 소비자들에게 팔고 선물 계약을 되사야 할 것이다. 선물은 지극히 작은 수익폭 때문에 초보자들이 과도거래에 빠져 감당할 수 있는 수준 이상으로 리스크를 떠안기도 한다. 보통 보관비와 보험비 때문에 먼 달의 선물이 가까운 달의 선물보다 비싼 법이다. 하지만 역전 현상이 발생한 시장에서는 가까운 달의 계약물이 더욱 비싸다. 수요가 매우 크기 때문이며, 이는 강세장을 의미한다.

산업 생산자와 소비자는 법적으로 내부 정보를 이용하여 선물을 거래할 수 있다. 공급 주도 시장은 대개 신속하고 격렬한 반응을 일으킨다. 나쁜 날씨는 변화하는 소비자들의 기호보다 공급과 수요 사이의 균형에 훨씬 더 큰 영향을 미친다.

● 평가와 해법 ●

● 점수별 평가

- 56점 미만은 낙제. 이미 통상적인 거래 방법에 관해 충분히 배웠다면, 당신은 이런 고급 기법에 관해 더 잘 알아야 한다. 여기서 추천하는 내용들을 읽고 공부하여 며칠 뒤 다시 테스트를 하기 바란다.
- 56~66점은 양호. 당신은 그전까지 보기 힘들었던 새로운 기법들에 대해 어느 정도 이해하고 있다. 여기서 추천하는 내용들을 읽고 틀린 문제를 검토해보고 며칠 뒤 스터디 가이드를 다시 펼쳐보기 바란다.
- 67~77점은 우수. 당신은 이 게임에서 누구보다 앞서 나가고 있다. 하지만 지금은 안전벨트를 매야 할 때다. 당신 앞에는 승자와 패자를 가르는 중요한 주제가 기다리고 있기 때문이다. 바로 자금관리다.

● 반드시 읽어야 할 내용

- 본책 6장

● 추가로 읽어야 할 내용

- 로렌스 G. 맥밀란, 『전략적 투자로서의 옵션Options as a Strategic Investment』(1999) 3판
- 리처드 J. 트웰즈와 프랭크 J. 존스, 『선물 게임The Futures Game』(1998) 3판

CHAPTER 08

자금관리

068 **해답 68. 시스템에 대한 기대**

5

● 답을 맞혔으면 4점을 준다.

긍정적인 기대를 할 수 있는 시스템이란 오랫동안 거래를 하다 보면 돈을 벌수 있게 해주는 시스템을 말한다. 이런 시스템은 당신에게 우위를 부여하지만 성공을 보장해주지는 않는다. 어떤 시스템에서 이익 거래보다 손실 거래가 많다 하더라도 이익 거래의 규모가 크면 전체적으로 이익을 낼 수 있다. 개별적인 각각의 거래에 대해서는 결과를 예측하기 힘들지만, 잘 설계된 시스템의 경우 오랜 기간의 거래에 대해 긍정적인 기대를 할 수 있어야 한다. 이런 시스템을 활용하면 자금관리 기법으로 거래자를 보호할 수 있다. 하지만 자금관리 기법을 쓴다고 해서 손실을 보는 시스템을 이익을 내는 시스템으로 바꾸어줄 수는 없다.

 해답 69. 계산 능력

1. 533
2. 24
3. 69
4. 18,750
5. 37.5%

● 답을 맞혔으면 각 1점을 준다.

현대 사회는 계산 없이도 쉽게 살아갈 수 있다. 하지만 주식 거래에서 성공하기 위해서는 스스로 생각할—계산할—줄 알아야 한다. 계산기를 가지고 있을지 모르지만, 어쨌든 당신은 적어도 간단한 산술연산은 암산으로 할 줄 알아야 한다.

070 **해답 70. 2퍼센트 원칙**

3

● 답을 맞혔으면 4점을 준다.

자금관리의 가장 중요한 원칙, 즉 2퍼센트 원칙은 어떤 한 번의 거래에서 계좌 총액의 2퍼센트 넘게 손실을 보지 않도록 보호해주는 장치다. 손실제한주문이 가깝게 붙어 있고 주당 리스크가 작다면, 오버나잇 리스크를 염두에 두는 한에 있어서 더 큰 규모로 거래를 해도 된다. 손실제한주문이 멀리 있고 주당 리스크가 크다면, 거래 규모는 작아져야 한다. 리스크에 노출되는 금액이 계좌 총액의 2퍼센트를 넘으면 안 되기 때문이다.

071 해답 71. 2퍼센트 원칙

B. 1, 2

● 답을 맞혔을 경우 4점을 주고, C라고 답했다면 2점을 준다.

2퍼센트 원칙에 따르면 당신은 어떤 한 차례의 거래에서 수수료와 체결오차를 포함하여 계좌 총액의 2퍼센트가 넘는 리스크를 부담해서는 안 된다. 계좌 총액이 50,000달러라면 리스크는 거래당 1,000달러가 넘으면 안 된다.

1번 거래는 주당 1.50달러의 리스크에 500주, 총 750달러의 리스크이므로 허용되는 거래다. 2번 거래는 주당 3달러의 리스크에 300주, 총 900달러의 리스크이므로 역시 허용되는 거래다. 이 두 거래는 모두 수수료와 체결오차를 감당할 만한 여지가 있다.

3번 거래는 주당 1달러의 리스크에 1,000주면 총 1,000달러의 리스크이므로, 체결오차나 리스크를 지불할 돈이 남지 않는다. 4번 거래는 주당 6달러의 리스크에 200주면 총 1,200달러의 리스크이므로, 2퍼센트 원칙이 깨진다. 5번 거래는 주당 2달러의 리스크에 700주면 총 1,400달러의 리스크이므로, 역시 2퍼센트 원칙이 깨진다.

해답 72. 사업상의 리스크

A. 1, 3

B. 2, 4, 5

● 답을 맞혔으면 각 1점을 준다.

자금관리의 핵심 원칙은 어떤 한 차례의 거래에서 리스크를 계좌 총액의 2 퍼센트 이하로 해야 한다는 것이다. 중요한 것은 2퍼센트에서 선을 긋는 것이다. 리스크가 그 이하면 사업상의 리스크이고, 그 선을 넘는다면 당신은 거래 계좌를 손실로 몰고 가는 것이라 할 수 있다. 100,000달러의 2퍼센트는 2,000달러이고, 20,000달러의 2퍼센트는 400달러다. 이 액수가 거래당 최대 허용 리스크다.

1번 거래는 주당 1.25달러의 리스크에 1,000주면 총 1,250달러의 리스크이므로, 100,000달러 계좌의 2퍼센트 미만이다(사업상의 리스크). 2번 거래는 주당 2달러의 리스크에 300주면 총 600달러의 리스크이므로, 20,000달러 계좌의 2퍼센트를 넘는다(손실 위험). 3번 거래는 주당 1.50달러의 리스크에 200주면 총 300달러의 리스크이므로, 20,000달러 계좌의 2퍼센트를 넘지 않는다(사업상의 리스크). 4번 거래는 주당 4달러의 리스크에 1,000주면 총 4,000달러의 리스크이므로, 100,000달러 계좌의 2퍼센트를 초과한다(손실 위험). 2번과 4번 거래는 허용되기는 하지만 규모를 줄여 리스크를 해당 계좌의 2퍼센트 아래로 낮추어야 한다는 조건이 따른다.

5번 거래의 경우 손실제한주문이 없다면 만약 주가가 5달러로 떨어질 경우 어떻게 하겠는가? 하락장에서는 이런 일이 일어나고도 남는다. 2퍼센트 리스크 제한을 어기면, 이보다 훨씬 더 큰 액수의 계좌도 회복되지 못할 피해를 입을 수 있다.

073 **해답 73. 2퍼센트 원칙**

해도 된다.

● 답을 맞혔을 경우 3점을 준다.

주당 4달러의 리스크면 총 리스크는 400달러이며, 여기에 수수료와 체결오차가 더해진다. 2퍼센트 원칙에 따르면 빌은 최대 500달러의 리스크를 부담할 수 있다. 따라서 이 거래는 2퍼센트 원칙의 제한 안에 있다. 하지만 빌은 지금 거래를 약간 밀어붙이고 있는 느낌이다. 그는 초보자로서 2퍼센트 한계에서 좀더 멀리 떨어져 있는 게 좋다. 좀더 가격이 싼 주식에 관심을 가지고 분석과 진입·청산 기법에 더욱 공을 들이면 2퍼센트 제한선에 그렇게 가까워지는 일은 없을 것이다.

074 **해답 74. 2퍼센트 원칙**

해도 된다.

● 답을 맞혔을 경우 3점을 준다.

1개의 금 선물 계약은 100온스이므로, 온스당 1달러가 상승하거나 하락할 때마다 거래자는 100달러를 벌거나 잃는다. 게리는 300달러의 리스크를 부담할 생각이고, 이외에도 수수료와 체결오차가 있다. 2퍼센트 원칙에 따르면 그는 최대 400달러의 리스크를 부담할 수 있다. 따라서 2퍼센트 원칙은 그에게 이 거래를 허락한다. 게리는 300달러 리스크에 900달러의 이익을 목표로 삼고 있다. 이 정도 비율이면 괜찮다.

그러나 그의 거래 계획은 소액 계좌로 거래하는 것이 얼마나 힘든 일인가를 잘 보여주고 있다. 겨우 3달러의 반대 움직임으로도 그는 리스크 허용의 한계까지 가게 된다. 그는 좀더 규모가 작은 소계약 거래를 고려해보아야 할지도 모른다.

075 해답 75. 2퍼센트 원칙

안 된다.

● 답을 맞혔을 경우 3점을 준다.

2퍼센트 원칙에 따르면 수전의 최대 허용 리스크는 1,000달러다. 주당 2.50 달러의 리스크에 500주면 총 1,250달러가 리스크에 노출된다. 여기에 수수료와 체결오차도 있다. 따라서 이 거래는 2퍼센트 원칙에 벗어나 있다. 수전은 매수 주식의 수를 줄여야 할 것이다. 검증된 거래 시스템이 이 거래를 지시한다면, 거래에는 들어가도 되겠지만 규모는 줄여야 한다. 500주 말고 300주가 적당할 것이다.

076 해답 76. 개인과 기관

3

● 답을 맞혔을 경우 4점을 준다.

모든 설명이 어느 정도는 다 타당하지만, 자금관리와 규율을 주된 업무로 하는 상사의 존재만큼 중요한 것은 아무것도 없다. 기관에서 일하는 동안 뛰어난 실적을 올렸던 사람들도 회사를 떠나 홀로 거래를 하기 시작하면 이전만큼의 실적을 올리지 못한다. 더 이상은 매니저들이 등 뒤에 서 있지 않기 때문이다. 개인 거래자는 스스로 자신의 매니저가 되어야 한다. 거래 계획을 문서로 작성하고 계획대로 행동했는지 평가를 하는 것이 중요한 것은 이 때문이다.

077

해답 77. 6퍼센트 원칙

2

● 답을 맞혔을 경우 4점을 준다.

매달 초에 계좌 규모를 기록해두라. 6퍼센트 원칙에 따르려면, 매달 초의 계좌 규모에서 6퍼센트 손실을 기록할 경우 즉시 거래를 중단해야 한다. 이럴 때는 그달은 거래에서 손을 떼고 더 이상 손실이 나지 않도록 하라. 계좌의 총 리스크는 6퍼센트를 초과할 수 없다. 새로운 거래에 들어가려 할 때 총 리스크가 6퍼센트가 넘는 것을 알면 당연히 거래에 들어가지 않아야 한다. 6퍼센트 원칙과 더불어 2퍼센트 원칙을 따른다고 할 때 각 포지션의 리스크가 2퍼센트보다 낮으면 세 개가 넘는 포지션을 보유할 수도 있다.

해답 78. 6퍼센트 원칙

해도 된다.

● 답을 맞혔을 경우 4점을 준다.

90,000달러의 6퍼센트면 5,400달러다. 이 액수가 앤에게 허용된 그달의 최대 손실 규모다. 그녀는 이미 A와 B의 거래로 2,400달러의 손실을 입었다. 하지만 C와 D의 거래는 그녀의 예상대로 진행되어 손실제한주문을 손익분기점으로 끌어올린 상태다. 따라서 C, D 거래에서 리스크가 전혀 없는 상황이므로 그녀는 현재 3,000달러의 리스크를 부담할 수 있다. 거래 E는 1,500달러를 리스크에 노출시킨다. 이 액수는 계좌 총액의 2퍼센트 아래에 있으며, 그달의 총 리스크 역시 6퍼센트 아래에 머물러 있다.

해답 79. 6퍼센트 원칙

안 된다.

● 답을 맞혔을 경우 4점을 준다.

150,000달러의 6퍼센트면 9,000달러다. 이 금액이 피터에게 허용된 그달의 최대 손실 규모다. 초반에 얼마나 많은 이익을 냈는지 모르지만, 그는 이미 월초의 자본에서 5,000달러를 잃었고, 보유 중인 두 개의 거래는 각각 1,900달러와 1,700달러를 리스크에 노출시키고 있다. 손실이 나거나 리스크에 노출된 돈은 총 8,600달러다. 이와 같은 상황에서는 리스크에 노출되어 있는 거래 중 하나를 종료하여 여유 공간을 확보하지 않는 한, 또 다른 거래에 들어갈 여지가 없다.

해답 80. 6퍼센트 원칙

그렇다.

● 답을 맞혔을 경우 4점을 준다.

30,000달러 계좌의 6퍼센트면 1,800달러다. 이 금액이 짐에게 허용된 그달의 최대 손실 규모다. 지금까지 그는 500달러를 잃었고, 이 외에 두 개의 이익 거래를 보유 중이다. 만약 전의 거래와 똑같은 규모로 거래 D와 E에 들어가 비슷한 수준에 손실제한주문을 해둘 경우 리스크에 노출되는 총액은 1,500달러가 된다. 이 금액이면 최대 허용 손실 규모 아래다.

해답 81. 포지션 규모

옳음: 1, 3, 5

틀림: 2, 4

● 답을 맞혔을 경우 각 1점을 준다.

거래에서 리스크에 노출되는 돈이 적을수록 객관적인 자세를 유지할 확률이 높고 그 거래가 이익 거래가 될 확률도 높아진다. 일관성 있는 규모로 거래하고, 손실을 볼 때는 규모를 줄이는 것이 중요하다. 손실을 만회하기 위해 더 큰 규모의 거래에 뛰어드는 것은 전형적인 아마추어의 행동이다. 프로는 우선 안전과 생존을 위해, 그다음으로 큰 이익을 위해 거래 계획을 세운다. 손실제한주문 가격을 바짝 붙여 상당히 작은 리스크 부담 아래 큰 규모로 거래를 하는 것이 보통 최상의 거래다.

해답 82. 포지션 규모

2

● 답을 맞혔을 경우 4점을 준다.

과도거래는 거래 계좌 가운데서 너무 큰 액수를 리스크에 노출시키는 것을 의미한다. 데이 트레이더의 경우는 하루에 세 차례의 거래가 적정한 행동 수준이 될 수 있고, 활발한 스윙 트레이더 같은 경우는 시장이 움직이고 있을 때 1주일에 10차례 정도 거래를 할 수 있을 것이다.

100,000달러 계좌의 거래당 최대 리스크는 2,000달러이다. 지지선 바로 위에서 매수하고 매우 타이트한 손실제한주문을 해둔다면, 큰 규모로 거래를 할 수도 있다. 100,000달러 계좌에서 한 달에 허용된 최대 리스크는 6,000

달러다. 리스크가 각각 1,000달러인 포지션을 5개 보유하면, 총 5,000달러를 리스크에 노출시키는 것이므로 허용된다. 10개의 포지션을 보유하여 7,500달러를 리스크에 노출시키는 것은 6퍼센트 원칙을 어기는 행동이며 과도거래를 뜻한다.

● 평가와 해법 ●

● 점수별 평가

- 54점 미만은 낙제다. 이 테스트에 통과하지 못하는 사람은 무척 많다. 대부분의 사람들은 자금관리에 관해 충분히 알고 있지 않다. 당신은 공부를 해야 하며, 이 부분을 결코 건너뛰어서는 안 된다! 여기서 추천하는 내용을 읽고 열심히 공부하고 나서 며칠 뒤 테스트를 다시 하기 바란다.

- 54~60점은 우수한 성적이다. 당신은 거래에 관하여 대부분의 사람들이 도달하지 못한 이해의 수준에 이르렀다. 실제로 이런 지식을 활용한다면 거래라는 게임에서 누구보다 앞서나갈 수 있을 것이다. 이제 다음의 중요한 주제로 넘어가보자. 기록의 작성과 관리 그리고 책임감에 관한 것이다.

● 반드시 읽어야 할 내용

- 본책 7장

● 추가로 읽어야 할 내용

- 랄프 빈스, 『자금관리 공식^{Portfolio Management Formulas}』(1990)

CHAPTER **09**

체계 잡힌 거래자

해답 83. 거래 성공의 요소

3

● 답을 맞혔을 경우 3점을 준다.

예시한 모든 요소들이 중요하지만, 자제심만큼 중요한 것은 아무것도 없다. 시장에는 경험과 상상력이 풍부하고 지적인 사람들이 넘쳐난다. 그들은 훈련까지 받지만, 그래도 이익을 내는 데 실패한다. 자제심은 핵심적인 요소다. 자제심이 없다면 다른 모든 요소가 무용지물이 된다.

해답 84. 거래 기록

2

● 답을 맞혔을 경우 4점을 준다.

훌륭한 기록은 자제심을 갖춘 거래의 핵심 요소다. 기록을 꾸준히 작성하면 거래에서의 실수를 줄일 수 있다. 하지만 아무리 상세한 기록을 작성하고 관리한다 하더라도, 아무리 큰 수익률을 올린다 하더라도, 자금관리 원칙을 느슨하게 적용해서는 안 된다. 성적이 나아질수록 오히려 자금관리를 더 엄격하게 해야 한다.

해답 85. 거래 스프레드시트

E. 모두 해당

거래 스프레드시트에서 진입과 청산 날짜 그리고 가격 수준은 기본적인 기입 사항이다. 거래 스프레드시트는 비용 추적에도 활용할 수 있다. 수준 높은 거래자는 스프레드시트를 이용하여 모든 거래의 성적을 계산한다. 즉 해당 거래에서 취한 수익을 채널폭의 백분율로 계산하는 것이다. 또한 진입과 청산에 대해 평가를 할 수도 있다. 해당 거래일의 저가나 고가에 얼마나 가깝게 매수하거나 매도했는지 알아보는 것이다.

해답 86. 거래 자본

C. 1, 2, 3

● 답을 맞혔을 경우 4점을 준다.

주식 거래를 본업으로 할 생각이라면 당신은 어느 때라도 현금 포지션에 대해 제대로 알고 있어야 한다. 거래 계좌의 자본은 이익과 손실을 시장가로 따진 모든 보유 포지션의 현재 가격과 현금 그리고 재무부 채권 같은 현금 등가물로 이루어져 있다. 저축이나 신용 한도액 같은 거래 계좌 외부의 자금은 거래 자본이라고 할 수 없다.

해답 87. 자본곡선

5번 거래자의 자본곡선이 가장 훌륭하다.

● 답을 맞혔을 경우 4점을 준다.

4번 거래자는 가장 큰 이익을 기록했지만 손실 규모가 무시무시하다. 28,000달러의 손실이면 최초 거래 자본 총액의 4분의 1이 넘는다. 이런 큰 손실이 자금관리 기간의 초기에 찾아온다면 어떻게 되겠는가? 손실의 벌충이 얼마나 화려하게 이루어지건 간에 이런 식의 거래는 언제든 재앙을 불러온다. 대부분의 펀드 매니저는 꾸준한 이익과 작은 손실폭을 선호한다. 손실이 절대 두자릿수가 되지 않아야 훌륭한 성적이라고 할 수 있다.

해답 88. 거래 일지

4

● 답을 맞혔을 경우 3점을 준다.

한 차례의 진입이나 청산에 대해 하나의 차트로는 부족할지 모른다. 진입과 청산은 몇 가지 매개변수를 요구하는 복잡한 문제가 되곤 하기 때문이다. 진입의 경우에는 주간 차트, 일간 차트, 일중 차트를, 청산의 경우에는 일간 차트와 일중 차트를 출력할 수 있을 것이다. 한 차례의 진입이나 청산 각각에 대해 5개의 차트는 너무 많다. 거래에 관한 결정에서 매개변수는 핵심이 되는 소수로 줄이는 게 가장 좋다.

해답 89. 거래 일지

C. 1, 2, 3

● 답을 맞혔을 경우 4점을 준다. D를 선택했다면 2점을 준다.

이익을 내고 흐뭇해하거나 손실을 보고 움츠러든다면 거래 능력을 조금도 향상시킬 수 없다. 내가 제대로 거래한 것일까? 내가 실수를 한 건 아닐까? 다음에는 어떤 식으로 다르게 거래해야 할까? 집중력과 자제심을 갖춘 거래자는 스스로에게 계속하여 이런저런 질문들을 쏟아 낸다. 그에게 대답을 해주는 것은 거래 일지다. 기록을 꾸준히 작성할 만큼 자제심이 있는 사람은 꾸준히 이익을 낼 만큼 자제심이 있는 사람이다. 하지만 매우 활발한 거래를 하는 사람의 경우 모든 거래를 기록한다는 것은 실질적으로 불가능하다. 이럴 때는 매 두 번째 혹은 매 세 번째 혹은 매 다섯 번째로 엄격하게 정해두고 일지를 계속 기록하는 것이 중요하다. 예컨대 '평범한' 거래는 빼놓고 '흥미로운' 거래만 기록하는 방법은 좋지 않다. 어떤 것이 대단한 거래고 평범한 거래였는지는 거래가 종료된 뒤에야 명확히 드러나는 법이다.

 해답 90. 진입과 청산에 대한 평가

청산: 2. 25%

진입: 4. 75%

● 답을 맞혔을 경우 각 2점을 준다.

진입 점수는 진입 가격을 그날 거래 범위의 백분율로 표현하여 얼마나 적절한 시점에 시장에 들어갔는지 평가한다. 그날의 고가가 48이고 저가가 44인데 당신이 47에 주식을 매수했다면 진입 점수는 75다. 이 숫자는 그날 거래 범위의 75퍼센트를 놓쳤다는 뜻이다. 매수 때는 낮은 숫자일수록 좋다. 청산 점수는 얼마나 적절한 시점에 시장에서 나왔는지를 평가한다. 그날의 고가가 54이고 저가가 50인데 주식을 51에 매도했다면 청산 점수는 25다. 이는 그날 거래 범위의 25퍼센트를 이익으로 삼았다는 뜻이다. 매도 때는 숫자가 높을수록 좋다. 중요한 것은 진입 점수를 50점보다 낮게 받고 청산 점수를 50점보다 높게 받는 것이다. 이 일은 사실 생각보다 무척 어렵다.

 해답 91. 거래의 결정

C. 1, 2, 3

● 답을 맞혔을 경우 4점을 준다. B를 선택했다면 2점을 준다.

급하게 변하는 가격은 슬롯머신의 소음이나 불빛처럼 사람들을 현혹시킨다. 그래서 그들은 또 다시 동전을 넣곤 한다. 그런데 시장의 문이 닫혀 있을 때 매수할지, 매도할지, 물러나 있을지를 결정하면 시간을 충분히 가질 수 있다. 당신이 관심을 가지고 있는 주식이나 선물을 다른 주식이나 선물과 비교해보면 의사결정 과정에 새로운 차원을 부여할 수 있다. 거래에 나서기 전에 어떤 특정한 거래에 관해 조언을 구하는 것은 좋은 생각이 아니다. 거래는 당신의 것이며 결정은 당신 혼자의 몫이어야 한다.

092 해답 92. 행동 계획

1. A
2. B
3. C
4. E
5. D

● 답을 맞혔을 경우 각 1점을 준다.

차트에 대해 설명하려면 거래를 결정하게 만든 특정한 신호에 관심을 가질 수밖에 없다. 실시간 차트는 종종 거래자들을 감정적인 군중 틈에 끼도록 유혹한다. 중개인에게 종이에 적은 거래를 읽어주는 방법은 자제심을 강화시켜준다. 어떤 주식이 평평한 움직임을 보일 때 매수할 계획이었다면, 다음날 아침 그 주식이 상승 갭을 형성했을 경우 매수해서는 안 된다. 상승 갭을 두고 거래할 생각은 없었기 때문이다. 주식이 당신이 예상치 못한 반응을 보이면 그것은 당신의 결정이 시장과 들어맞지 않는다는 명확한 신호다. 따라서 이때 거래에 들어가는 것은 좋지 않은 생각이다.

해답 93. 거래 기록

D. 1, 2, 3, 4

● 답을 맞혔을 경우 4점을 준다.

거래 스프레드시트는 매 거래의 기본적인 기록을 제공한다. 여기에는 성적 평가도 포함되어 있다. 자본곡선은 계좌의 건강을 전체적으로 추적한다. 거래 일지를 활용하면 과거의 거래에 관한 생생한 기록으로부터 많은 것을 배울 수 있다. 행동 계획은 그다음 날 할 행동들을 차분하고 자제된 분위기에서 검토할 수 있게 해준다. 이런 모든 기록은 성공에 필수적이다. 단, ABC 등급 시스템은 선택 사항이다. 많은 주식과 선물을 추적할 때는 ABC 등급 시스템이 필요하지만 소수의 주식이나 선물을 좇는다면 없어도 상관없다.

해답 94. 거래 시스템에 대한 예측

B. 1, 2

● 답을 맞혔을 경우 4점을 준다.

거래 시스템을 예측하거나 시스템에 포함되어 있지 않은 요소들을 바탕으로 거래 결정을 내리면, 선택의 범위는 극적으로 확대되지만 성공의 가능성은 감소한다. 예측은 심리적 스트레스의 수준을 높이고, 자제심을 망가뜨리고, 충동적인 거래로 당신을 이끈다.

해답 95. 거래의 누설

C. 1, 2, 3

● 답을 맞혔을 경우 4점을 준다.

다른 사람들에게 보유 포지션에 관해 말하는 것은 참견하기 좋아하는 사람들과 가까워지는 계기를 만드는 것이나 다름없다. 당신은 사람들에게 더 많이 알려질 것이고, 당신이 고려해보지 않은 포지션들에 관해 친근감 넘치는 조언을 듣게 될 것이다. 하지만 그런 포지션들은 성공적인 결과를 낳지 못할 가능성이 크다. 당신은 거래의 모든 책임을 스스로 짊어질 만큼 강해져야 한다. 거래 포지션에 관한 이야기는 거래가 종료된 뒤에 해야 한다.

해답 96. 시간관리

E. 모두 해당

거래는 자본을 필요로 하는 것만큼이나 시간 역시 필요로 한다. 당신은 관심을 갖고 있는 시장은 적어도 일주일에 한 번은 검토를 해야 한다. 모든 보유 포지션은 매일 살펴보아야 한다. 또한 보유 중인 포지션에 영향을 미칠 수 있는 중요한 소식은 시간표를 작성하여 모두 추적해야 한다. 그런 소식이 시장에 충격을 주기 전에 포지션을 계속 가지고 있을지 아니면 규모를 줄일지 아니면 시장에서 나올지 결정해야 하기 때문이다.

개장 가격 범위의 돌파는 진입에 도움을 줄 수 있다. 폐장에 가까워지면서 가격이 하락하면 거래에서 나오라는 신호다. 시장에 더 많은 시간을 쏟을수록 더 많은 이익이 돌아올 가능성이 커진다.

097 **해답 97. ABC 등급 시스템**

1. A
2. E
3. C
4. D
5. B

● 답을 맞혔을 경우 각 1점을 준다.

ABC 등급 시스템은 거래자들이 시간을 보다 효율적으로 이용하는 데 도움을 준다. ABC 등급 시스템에서는 추적하는 모든 시장을 주마다 검토하고 세 그룹으로 분류해야 한다. A 그룹은 다음날 거래를 할 것으로 예상하는 소수의 가장 유망한 주식이나 선물들로 이루어져 있다. A 그룹의 주식이나 선물들은 반드시 날마다 심층적인 조사를 해야 한다. B 그룹의 주식이나 선물들은 며칠 안에 거래를 할 것으로 예상하고 있으므로 며칠 뒤 다시 조사를 해야 한다. C 그룹은 일주일 동안 거래를 예상하고 있지 않은 주식이나 선물들로 이루어져 있다. 따라서 그 주 동안에는 한편으로 치워놓고 있어도 된다.

098 **해답 98. 의사결정나무**

4

● 답을 맞혔을 경우 4점을 준다.

엄격한 자금관리 원칙은 거래 계획의 주춧돌이다. 장기적인 생존과 성공을 가능케 하는 것은 이런 자금관리 원칙이다. 시스템 거래자는 분석 원칙에 절대적으로 엄격해야 하지만, 자유재량 방식의 거래자는 어느 정도 융통성을 구사할 수 있다. 다양한 시간 스케일의 차트를 분석하고 원칙에 반하는 거래를 하지 않는 한에서는, 어느 정도 자유롭게 지표와 거래 기법을 선택할 수 있다.

099 해답 99. 거래 시의 우선순위

2

● 답을 맞혔을 경우 4점을 준다.

초보자들은 큰 이익에 관한 이야기에 매료된다. 하지만 전문가들은 우선 생존에 관심을 집중한다. 훌륭한 거래 계획이 자금관리 원칙을 바탕으로 세워지는 것은 이 때문이다. 다음 목표는 꾸준한 이익을 올리는 것이다. 일단 이 목표가 일관되게 달성되면, 특별한 거래 기회를 찾는 데 더 많은 시간을 들일 수 있다. 그리고 나서 우리의 분석이 맞고 시장이 뜻대로 움직인다면, 때때로 특별하게 큰 수익을 올릴 수 있을 것이다.

100 해답 100. 트레이딩 경력

5

● 답을 맞혔을 경우 4점을 준다.

노련한 거래자가 되는 것은 꼼꼼한 기록에서 시작된다. 기록이 무엇보다 우선시되는 이유는 기록이 있으면 당신이 서로 다른 기법들을 실험하는 동안 성공뿐만 아니라 실수에서도 배울 수 있기 때문이다. 자금관리 원칙을 정하고 이에 잘 따랐는지 기록하는 것은 다음으로 가장 중요한 일이다. 세 번째 단계는 의사결정나무를 만드는 일이다.

● 평가와 해법 ●

● 점수별 평가

- 60점 미만은 낙제. 이 테스트에서 낙제점을 받았다면, 본책으로 돌아가 해당하는 장을 다시 읽기 바란다. 이 주제는 매우 새롭고 그동안 주식 관련 책에서 무시되어왔기 때문에 대부분의 사람들에게는 완전히 낯설 것이다. 이 부분을 마스터하면 당신은 시장의 군중보다 훨씬 앞서나갈 수 있다. 아래에서 추천하는 내용을 찾아 읽고 며칠 뒤 다시 테스트를 하기 바란다.
- 60~72점은 우수. 거래 기록을 이렇게 제대로 이해하고 있는 것은 흔치 않은 일이다! 이제는 당신이 직접 기록 항목을 설정하고, 또 성공적인 거래를 하는 일밖에 남지 않았다!

● 반드시 읽어야 할 내용

- 본책 8장과 9장

PART **03**

거래 사례: 연구 및 문제

COME INTO MY **TRADING ROOM**

● 이제 시작이다 ●

당신은 지금부터 거래에 관해 결정하고 기록을 작성하는 연습을 해볼 것이다. 3부에는 질문이, 4부에 해답이 있다. 자신의 거래 일지에 있는 차트들을 보는 것처럼 이 장의 차트들을 보기 바란다. 차트 패턴과 지표의 신호를 책에 표시하고 중요한 사항들을 기록하라. 거래에 관한 결정을 내린 다음, 해답 부분으로 가서 당신의 설명과 답을 비교하여 성적을 매겨보라.

거래 결정을 내리는 방법은 여러 가지가 있다. 어떤 거래자들은 기본적 분석을 활용하고, 어떤 거래자들은 기술적 분석을, 또 어떤 거래자들은 둘 모두를 활용한다. 반면 도박꾼들은 '감을 믿고' 거래한다. 나는 주요 펀더멘털을 알아보기는 하지만, 기술적 분석이 내가 주로 활용하는 거래 방법이다. 가격, 시간, 거래량은 모든 시장 참여자의 행위를 나타낸다. 똑똑한 사람과 멍청한 사람, 자제심이 강한 사람과 도박꾼, 부자와 가난한 자, 장기 투자자와 단기 거래자 등. 가격과 지표는 매수 세력과 매도 세력의 발자국이다. 우리가 가야 할 길을 알기 위해서는 이런 발자국들을 읽는 연습을 해야 한다.

이 부분의 차트들은 2001년 12월 출력한 것이다. 뉴욕에서 9·11의 재앙이 일어난 지 얼마 되지 않은 때다. 이런 혼란과 고통의 시기에, 펀더멘털이 급작스럽게 변한 때에, 기술적 분석은 그 가치를 더욱 빛냈다.

사례 연구를 활용하는 법

당신은 각 거래에서 3개의 차트를 보게 될 것이다. 2개는 진입을 위한 차트고, 다른 1개는 청산을 위한 차트다. 진입용의 2개 차트는 주간 차트와 일간 차트다. 주간 차트는 기간이 1년 반가량이고, 26주 지수이동평균(실선), 13주 지수이동평균(점선), MACD 히스토그램이 그려져 있다. 같은 날로 끝이 나는 일간 차트는 수개월의 일별 가격 변동을 보여주고, 22일 지수이동평균(실선), 13일 지수이동평균(점선), 2일 강도지수, MACD 히스토그램이 그려져 있다. 청산과 재진입 결정을 위해서는 업데이트된 일간 차트를 실었다. 이 차트에는 22일 지수이동평균을 중심으로 채널을 그려놓았다.

이런 차트들은 내가 즐겨 이용하는 몇 가지 지표들을 보여준다. 물론 다른 많은 지표들도 똑같이 이용할 수 있겠지만, 어쨌든 모든 중요한 지표들을 이 책에서 다루는 것은 불가능할 것이다. 이곳에서 내가 밝히고자 하는 사실은 다양한 시간 스케일을 활용할 필요가 있다는 것이다. 주간 차트에서는 전략적 결정을 내리고, 일간 차트에서는 전술적 선택을 해야 한다. 나는 또한 시장 반응의 여러 측면들을 평가하고 거래에 관해 이성적인 결정을 내리기 위해서는 몇 가지 지표들—추세추종 지표와 오실레이터—을 조합해야 할 필요성이 있다는 것을 얘기하고 싶었다.

각 차트에서 적어도 2개의 중요한 거래 신호를 찾은 다음 이를 책에 표시하고 설명을 적어두는 것이 당신이 해야 할 일이다. 신호를 정확하게 표시하면 점수를 얻고, 추가로 거래 신호를 확인하면 보너스 점수를 받는다. 각 행동에 대해 빠짐없이 설명을 해야 한다는 점을 잊지 말기 바란다.

여기에는 8개의 거래를 다루는 8개의 차트 세트가 있다. 우선 한 시장의 진입에 관한 문제를 푼 다음, 점수를 매겨라. 그리고 나서 청산에 대한 문제를 풀고 다시 점수를 매겨라. 점수를 매길 때는 해답 페이지를 이용하라. 성적에 만족한다면 다음 거래로 넘어가고, 이런 과정을 반복한다. 점수가 좋지 않다면 다음 거래로 가기 전에 본책을 펴고 관련된 장을 다시 읽어라. 이런 과정을 통해 당신은 아마추어와 도박꾼들보다 한참 앞서나갈 수 있을 것이다. 그들은 단시간 내에 큰돈을 벌기 위해 시장에 뛰어들지만 곧 정신을 잃고 시장 바깥으로 실려 나간다. 학습, 기록 작성 및 관리, 경계는 장기적인 성공에 필수적이다. 장기적인 성공이야말로 당신이 금융시장에서 유일하게 바랄 만한 성공 아니겠는가.

하루에 8개의 연습 문제를 모두 마치려고 하지 말라. 생각하고 다시 생각하고 관련 내용을 다시 읽고 스크린의 다른 차트들을 검토할 만한 충분한 시간을 가져라. 이 연습 문제들을 공부하는 데는 일주일 이상의 시간이 들어도 상관없다. 다음 순서로 8차례의 거래를 차례차례 검토하기 바란다.

1. '진입에 관한 문제' 페이지를 본다. 아무것도 표시되지 않은 2개의 차트가 있을 것이다. 주간 차트와 일간 차트다.

2. 각 차트마다 2개 이상의 거래 메시지를 표시한다. 진입 결정을 내리고 이를 기록한다.

3. 해당 거래의 '진입에 관한 해답' 페이지로 가서 진입에 대한 점수를 매긴다. 점수가 만족스러운 경우(합격 점수 이상인 경우) 다음 순서로 가고, 그렇지 못한 경우는 본책을 펼쳐 관련 내용을 다시 읽어보기 바란다.

4. '청산에 관한 문제' 페이지로 돌아간다. 이곳에는 아무것도 표시되지 않은 업데이트된 일간 차트가 있다. 백지로 이 페이지를 재빨리 덮어라.

5. 페이지를 가리고 있는 백지를 왼쪽에서 오른쪽으로 천천히 움직여 해당 거래의 진입 시점을 표시하고 있는 수직 화살표를 찾는다. 이 화살표가 있는 날에서부터 매우 천천히 오른쪽으로 백지를 움직여 하루치씩 차트와 지표들을 조사해나간다.

6. 차트나 거래 신호에서 청산 시점을 발견할 때마다 이를 표시한다. 재진입 시점을 발견할 때고 역시 표시를 한다. 대부분의 차트에는 2개 이상의 청산 시점과 재진입 시점이 있다.

7. 차트의 오른쪽 가장자리에 도달하면 '청산에 관한 해답' 페이지로 가서 점

수를 매긴다. 점수가 만족스러운 경우(합격 점수 이상인 경우) 아래의 지시대로 하고, 그렇지 못한 경우는 본책을 펼쳐 관련 내용을 다시 읽어본다.

8. 다음의 거래로 넘어가 이상의 과정을 반복한다.

기술적 분석은 부분적으로는 과학이고 부분적으로는 예술이다. 부분적으로는 객관적이지만 부분적으로는 주관적이다. 기술적 분석을 활용하여 거래하는 방법에는 두 가지가 있다. 자유재량 거래와 시스템 거래다. 시스템 거래자는 테스트를 거쳐 모든 단계를 자동화한다. 반면 자유재량 거래자는 시장이 변할 때마다 도구를 바꾼다. 당신이 시스템 거래자라면 모든 도구를 테스트해보고 이를 절대적으로 동일한 방식으로 거래에 적용해야 할 것이다. 나는 자유재량 거래자로서 툴을 조정하고 때때로 지표 신호들을 예측한다. 중요한 것은 위험하지 않을 정도로 약간만 예측을 하고 자금관리 시스템으로 보호를 하는 것이다.

현명한 거래자는 거래 신호에 동의하지 않을 수도 있다. 전문 거래자가 이 테스트에서 만점을 받을 가능성이 낮은 것은 이 때문이다. 전문 거래자는 개인적인 성향이나 주관에 따라 시장을 약간 다르게 해석할 수 있다. 독자적인 판단과 잘 작성된 기록, 확고한 자금관리 원칙에 따르는 경험 많은 거래자는 시장에서 성공할 것이 틀림없다.

당신은 몇몇 차트를 나와 다른 시각에서 볼 수도 있다. 사실 질문을 담은 엄청난 양의 이메일이 쏟아질까 봐 벌써부터 두렵다. 그렇다면 하루에 몇 시간씩을 들여도 모든 질문에 답할 수 없을 것이다. 우리가 밤늦게까지 머리를 맞대고 거래에 관해 토론할 수 있는 곳은 트레이더 캠프뿐이다. 당신이 나와 다른 생각을 갖고 있다면 거기서 만나 문제를 해결할 수 있을 것이다. 이제 거래 사례들을 보기로 하자!

● 거래 사례 1. 오라클: 진입에 관한 문제 ●

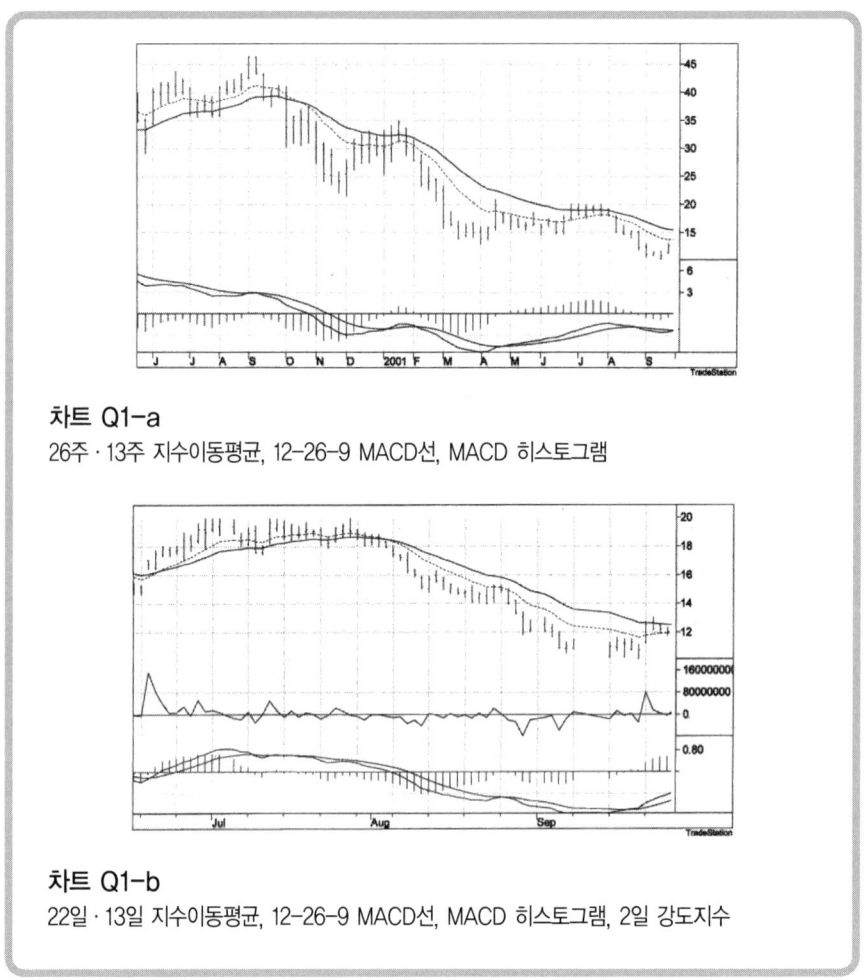

차트 Q1-a
26주 · 13주 지수이동평균, 12-26-9 MACD선, MACD 히스토그램

차트 Q1-b
22일 · 13일 지수이동평균, 12-26-9 MACD선, MACD 히스토그램, 2일 강도지수

주간 차트와 일간 차트 각각에서 적어도 2개의 거래 신호를 찾아 표시하고 차트의 오른쪽 가장자리에서 거래 결정을 하라. 결정 사항을 다 적기 전까지는 이 페이지를 넘기거나 해답 페이지를 보지 말라.

● 거래 사례 1. 오라클: 청산에 관한 문제 ●

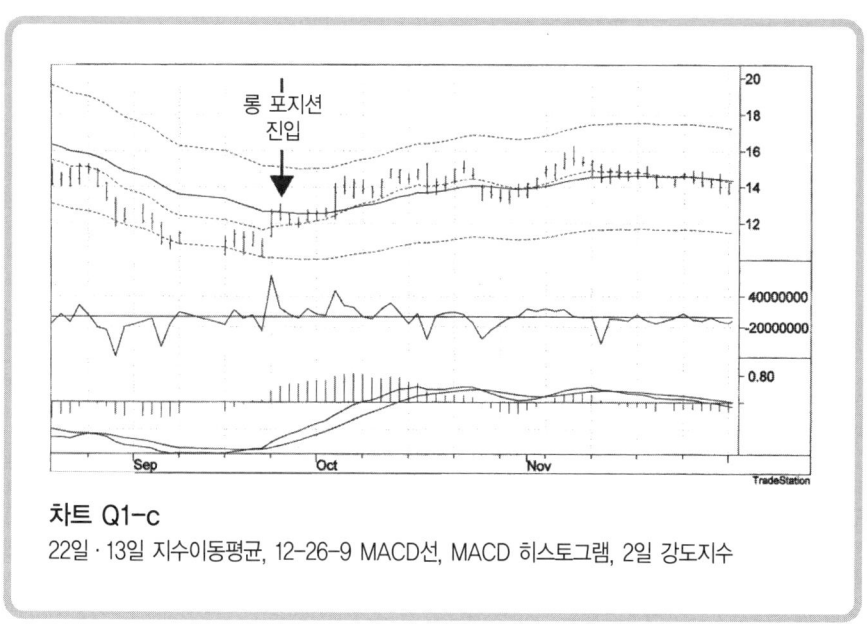

차트 Q1-c
22일 · 13일 지수이동평균, 12-26-9 MACD선, MACD 히스토그램, 2일 강도지수

돈은 거래에 들어갈 때가 아니라 나올 때 버는 것이다. 초보자들은 좋은 거래 기회를 찾는 데 대부분의 시간을 보내지만 어떻게 시장에서 나올지는 거의 생각하지 않는다. 대부분의 거래가 어느 순간에는 이익을 기록하는 것이 사실이지만, 그럼에도 불구하고 대부분의 거래자들은 대부분의 거래에서 손해를 본다. 제때에 시장에서 나가지 않았기 때문이다.

일단 차트를 종이로 가려라. 그리고 나서 왼쪽 가장자리에서부터 거래에 진입하는 지점까지 종이를 오른쪽으로 천천히 움직여라. 진입 지점부터는 하루 단위로 천천히 종이를 움직이면서 차트를 보고 가격 움직임을 분석하라. 적절한 청산 시점이나 재진입 시점을 발견하면 차트에 표시를 하라. 나중에 해답 페이지에서 청산 시점들과 재진입 시점들을 확인해보라. 또한 당신이 쓴 설명과 내가 제시한 설명을 비교하여 점수를 매겨라.

● 거래 사례 2. 선 마이크로시스템즈: 진입에 관한 문제 ●

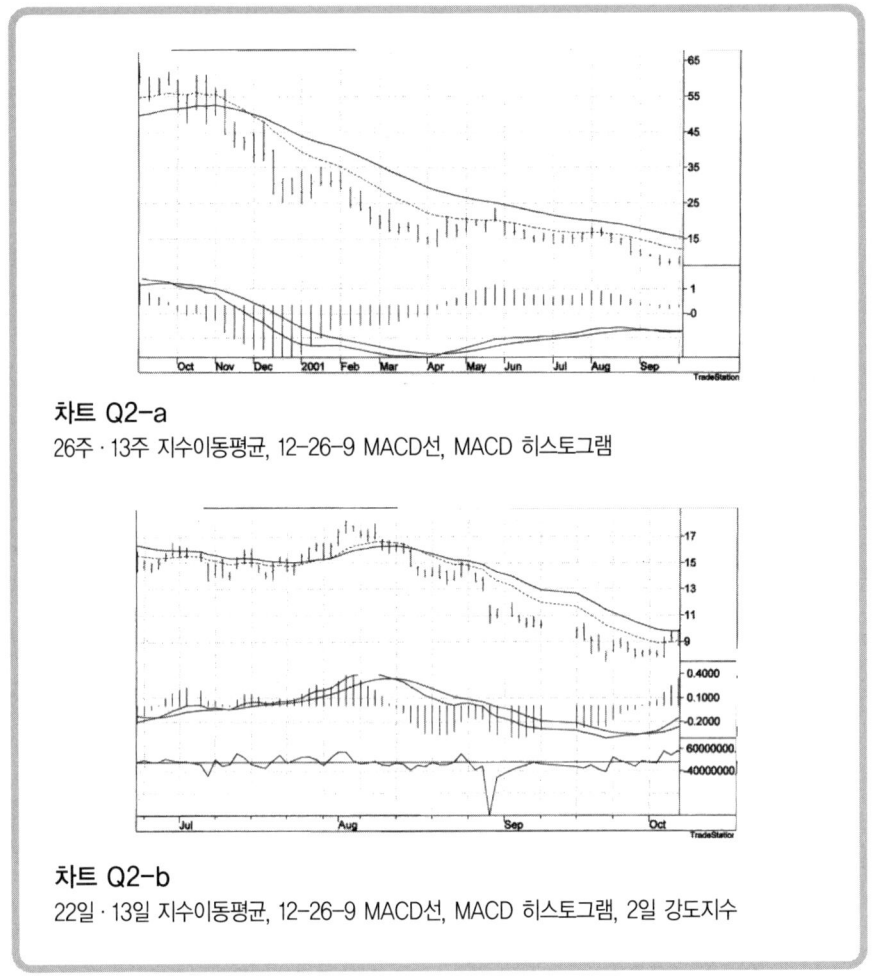

차트 Q2-a
26주 · 13주 지수이동평균, 12-26-9 MACD선, MACD 히스토그램

차트 Q2-b
22일 · 13일 지수이동평균, 12-26-9 MACD선, MACD 히스토그램, 2일 강도지수

주간 차트와 일간 차트에서 적어도 2개의 거래 신호를 찾아 표시하고 차트의 오른쪽 가장자리에서 거래 결정을 하라. 결정 사항을 다 적기 전까지는 이 페이지를 넘기거나 해답 페이지를 보지 말라.

186

● 거래 사례 2. 선 마이크로시스템즈: 청산에 관한 문제 ●

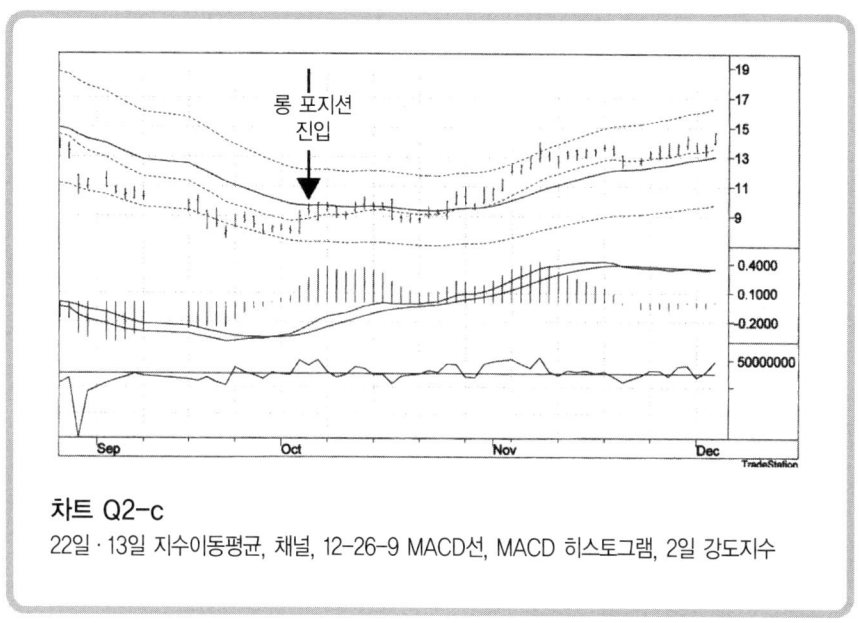

차트 Q2-c
22일 · 13일 지수이동평균, 채널, 12-26-9 MACD선, MACD 히스토그램, 2일 강도지수

이 차트를 종이로 가린 다음, 수직 화살표가 나타날 때까지 왼쪽 가장자리에서 오른쪽으로 천천히 종이를 움직여라. 화살표는 선 마이크로시스템즈를 매수한 10월의 어느 날을 표시하고 있다. 하루씩 하루씩 종이를 움직이며 차트를 조사한다.

거래에 뛰어드는 것은 급류에 뛰어드는 것과 비슷하다. 들어갈 때는 마음대로지만 나올 때는 마음먹은 대로 되지 않는다. 당신은 완벽하거나 거의 완벽한 순간까지 기다렸다가 물속에 뛰어들 수 있다. 그러나 거기서 빠져나오는 것은 그보다 훨씬 힘들다. 빠른 물살과 바위로 덮인 해안 때문이다. 진입을 기다릴 때의 리스크라면 '기회를 놓치는 것' 밖에 없다. 그러나 시장에는 기회가 넘치므로 그다지 염려할 일이 아니다. 반면 청산은 훨씬 더 까다롭다. 당신은 주식이 원하는 방향으로 급류처럼 움직이기를 바라지만, 이익을 잃고 싶지는 않을 것이다.

● 거래 사례 3. 크롤 사: 진입에 관한 문제 ●

이 회사는 기업 보안 서비스를 제공하고 있다. 9 · 11사태 이후 내 레이더망에 걸렸다.

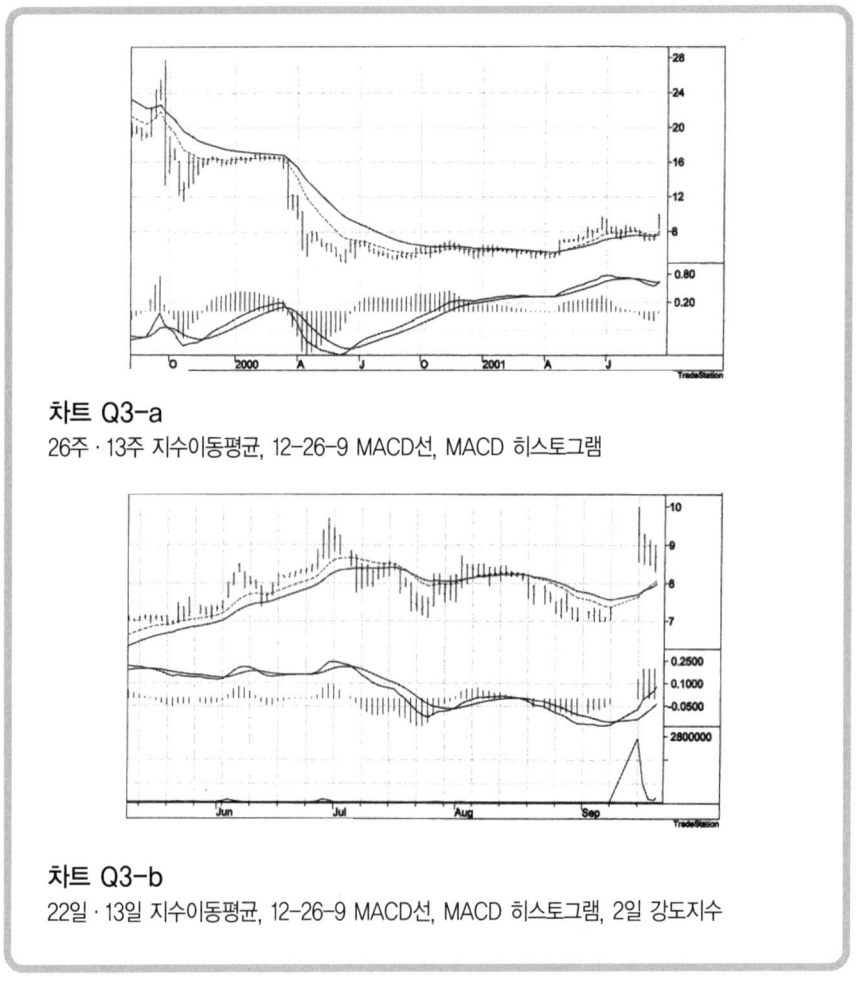

차트 Q3-a
26주 · 13주 지수이동평균, 12-26-9 MACD선, MACD 히스토그램

차트 Q3-b
22일 · 13일 지수이동평균, 12-26-9 MACD선, MACD 히스토그램, 2일 강도지수

주간 차트와 일간 차트에서 적어도 두 개의 거래 신호를 찾아 표시하고 차트의 오른쪽 가장자리에서 거래 결정을 하라.

● 거래 사례 3. 크롤 사: 청산에 관한 문제 ●

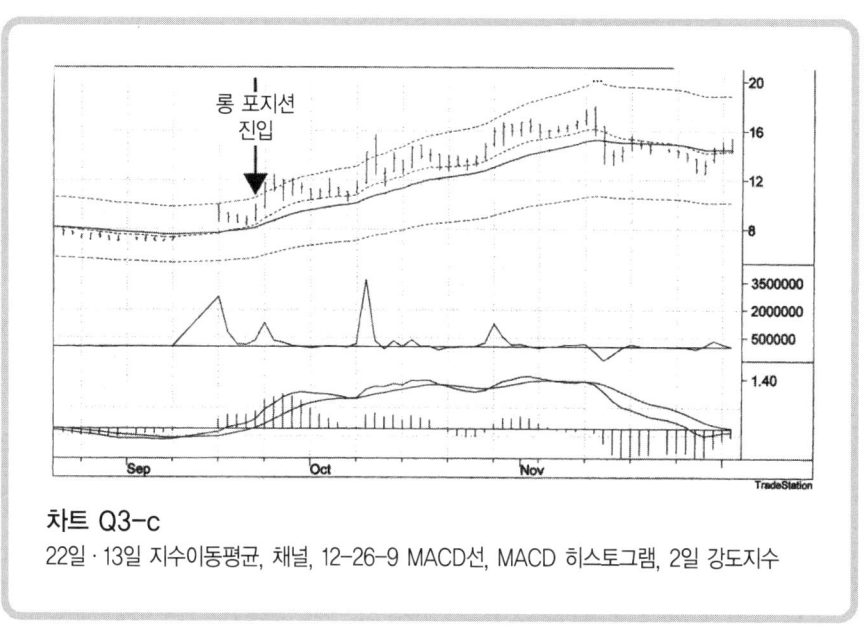

차트 Q3-c
22일 · 13일 지수이동평균, 채널, 12-26-9 MACD선, MACD 히스토그램, 2일 강도지수

전과 똑같이 종이로 차트를 가리고, 왼쪽에서 오른쪽으로 천천히 종이를 움직이며 하루치씩 차트를 확인하라. 각 날짜의 가격 움직임을 분석하고 청산 시점과 재진입 시점을 판단하여 표시하라. 거래 하나하나에 대해 늘 몇 개의 청산 시점과 재진입 시점을 찾을 수 있을 것이다. 나중에 해답 페이지에서 답을 확인하고, 정확하게 맞힌 신호에 따라 점수를 받는다.

우리는 9월에 화살표로 표시한 영역에서 크롤을 매수했다. 이제 우리는 어디서 거래를 마칠지 결정해야 한다. 이처럼 부분적으로는 펀더멘털에 따라 그리고 부분적으로는 기술적 요소에 따라 거래에 뛰어든 경우 청산 시점의 결정이 어려운 문제가 된다. 펀더멘털 요소에 따르면 일단은 매수세가 이어질 것으로 예상하며 청산을 서두를 필요가 없다. 하지만 우리는 궁극적으로는 기술적 지표들을 신뢰해야 하고 이런 기술적 지표들을 이용하여 거래를 청산해야 한다.

● 거래 사례 4. 임클론 시스템: 진입에 관한 문제 ●

임클론은 암 치료용 생약을 만드는 회사다.

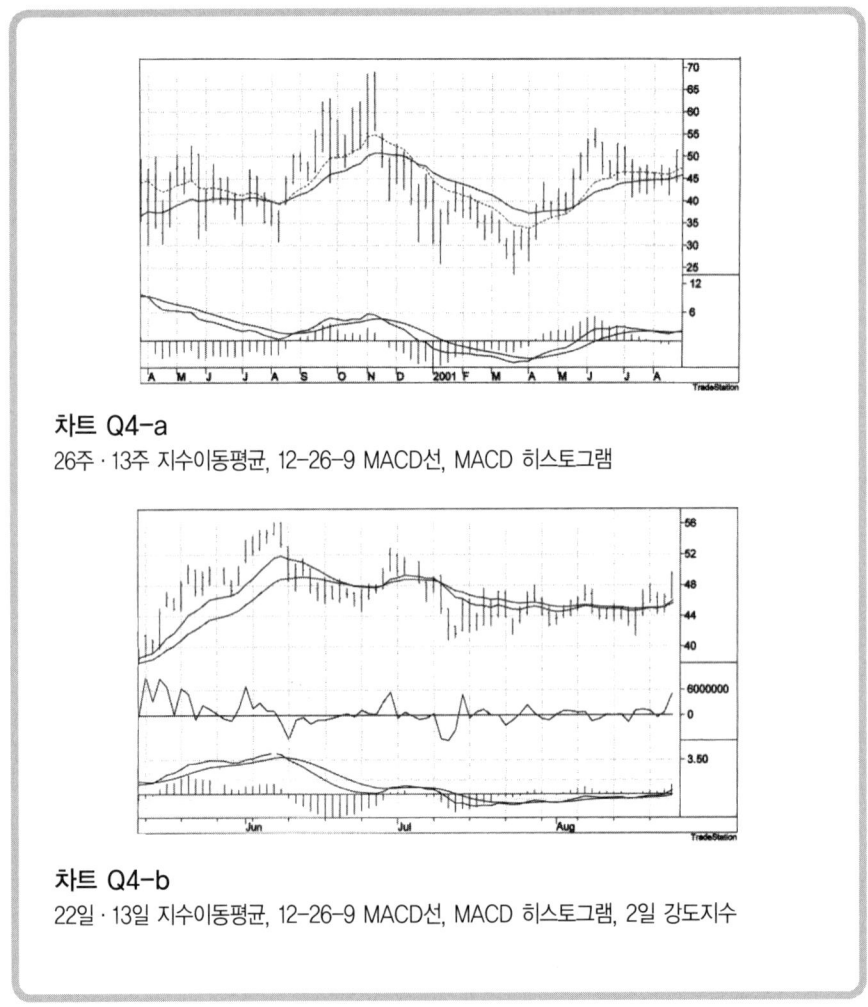

차트 Q4-a
26주 · 13주 지수이동평균, 12-26-9 MACD선, MACD 히스토그램

차트 Q4-b
22일 · 13일 지수이동평균, 12-26-9 MACD선, MACD 히스토그램, 2일 강도지수

주간 차트와 일간 차트에서 적어도 두 개의 거래 신호를 찾아 표시하고 차트의 오른쪽 가장자리에서 거래 결정을 하라.

● 거래 사례 4. 임클론 시스템: 청산에 관한 문제 ●

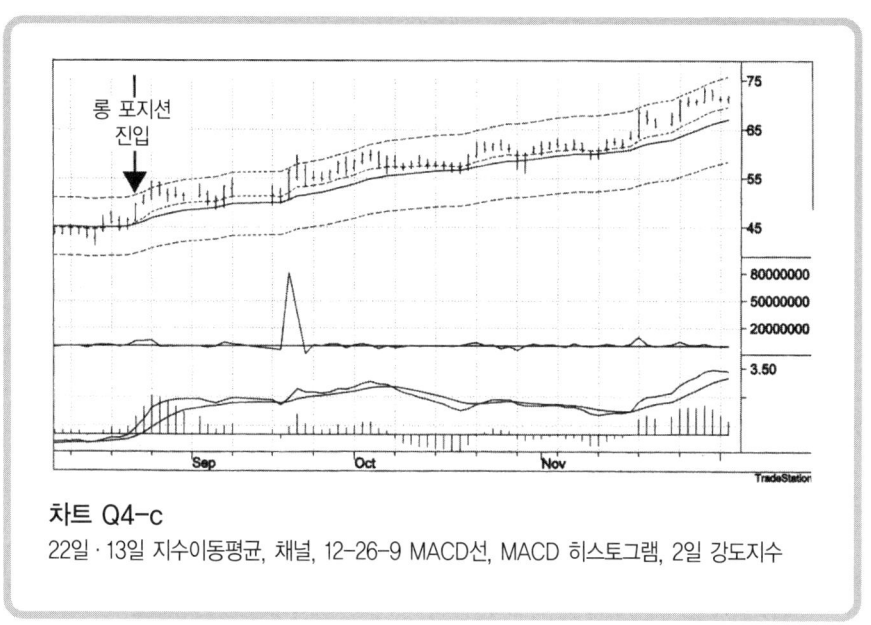

차트 Q4-c
22일·13일 지수이동평균, 채널, 12-26-9 MACD선, MACD 히스토그램, 2일 강도지수

종이로 차트를 가리고, 왼쪽에서 오른쪽으로 천천히 종이를 움직이며 하루치씩 차트를 확인하라. 청산 시점과 재진입 시점을 표시하고 각각에 대한 설명을 적어라. 나중에 해답 페이지로 가서 답을 확인하고 정확하게 맞힌 청산 시점이나 재진입 시점에 따라 점수를 매겨라.

우리는 8월에 화살표로 표시한 영역에서 임클론 시스템을 매수했다. 차트 패턴과 지표 신호는 우리가 어디서 이익을 취하고 어디서 다시 거래에 들어갈지 판단하는 데 도움을 준다. 오래된 차트를 펼쳐 지난 데이터들을 보고 있노라면, 주식을 오랫동안 보유하고 있는 일이 매우 쉬워 보인다. 하지만 차트를 가리고 한 번에 하루치씩 가격 움직임을 확인하면 거래의 불확실성과 심리적 압박감을 체험할 수 있을 것이다. 그러면 단기 이익을 취하고 싶은 유혹이 떨쳐버리기 훨씬 어려운 것임을 알게 된다.

● 거래 사례 5. 밀: 진입에 관한 문제 ●

기술적 분석의 법칙은 주식, 선물, 통화를 포함하여 자유롭게 거래되는 모든 시장에서 유효하며, 대부분의 거래 대상에 적용될 수 있다. 잘 알려진 많은 기술적 도구들은 원래 상품에 적용하기 위해 개발되었고 나중에야 주식 시장에 도입되었다.

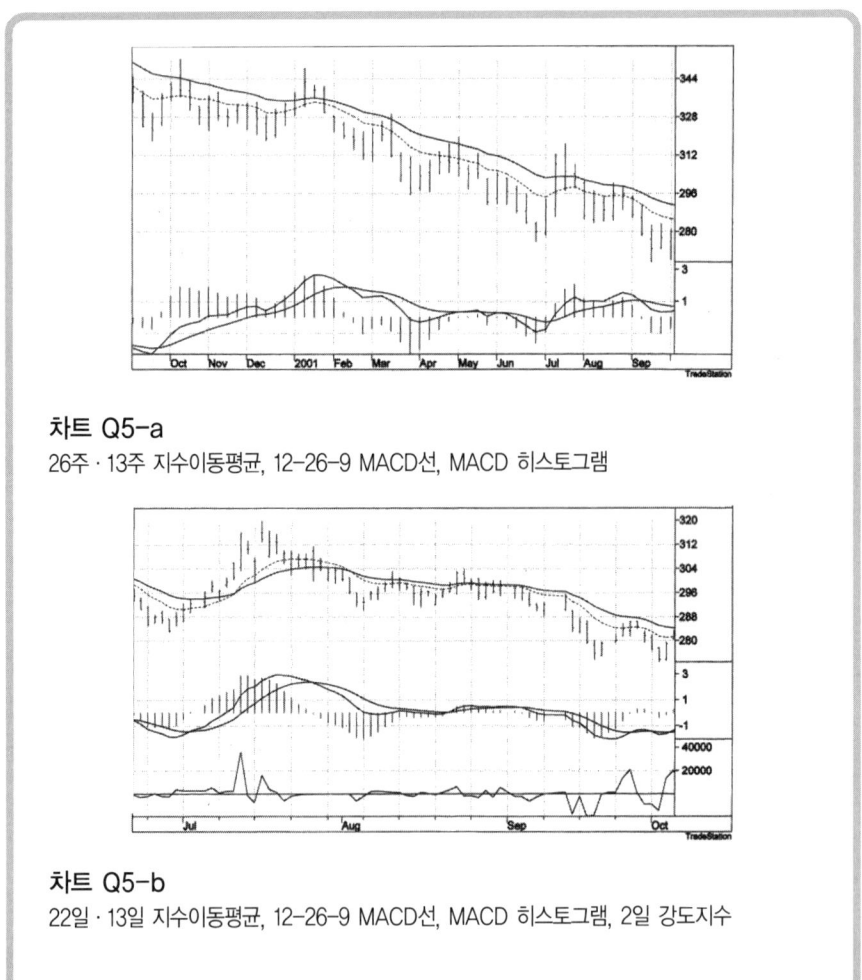

차트 Q5-a
26주 · 13주 지수이동평균, 12-26-9 MACD선, MACD 히스토그램

차트 Q5-b
22일 · 13일 지수이동평균, 12-26-9 MACD선, MACD 히스토그램, 2일 강도지수

192

● 거래 사례 5. 밀: 청산에 관한 문제 ●

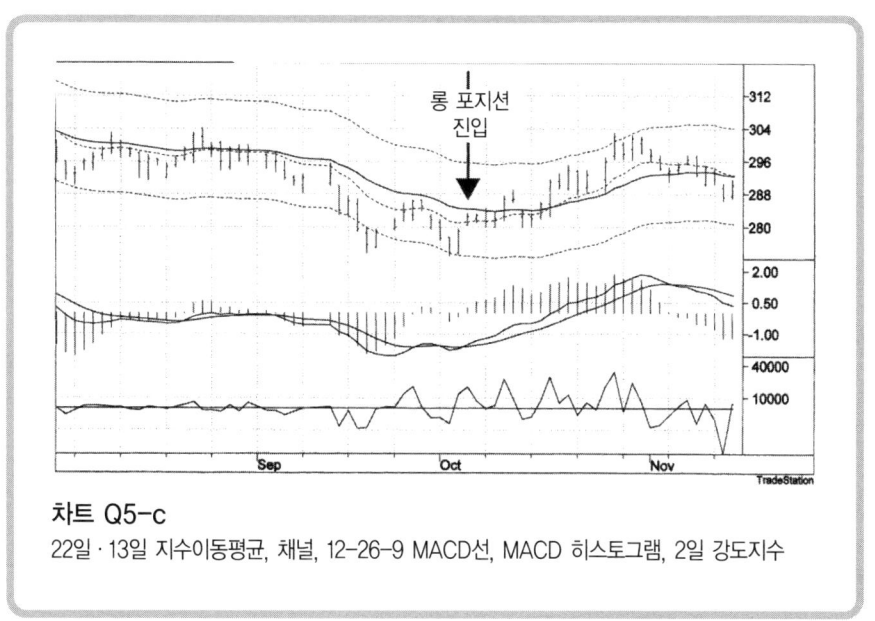

차트 Q5-c
22일 · 13일 지수이동평균, 채널, 12-26-9 MACD선, MACD 히스토그램, 2일 강도지수

거래 시스템을 테스트하는 가장 좋은 방법은 데이터를 한 번에 하루치씩 빠짐없이 검토하는 것이다. 보며 배우기 위해서는, 종이로 차트를 가리고 왼쪽에서 오른쪽으로 천천히 종이를 움직이며 하루치씩 차트를 확인해나가야 한다. 모든 진입 시점과 청산 시점을 표시하고 각각에 대한 설명을 적어라. 나중에 해답 페이지로 가서 답을 확인하고 정확하게 맞힌 청산 시점이나 재진입 시점에 따라 점수를 받는다.

우리는 10월에 화살표로 표시된 영역에서 밀을 매수했다. 차트 패턴과 지표 신호들을 활용하여 어디서 이익을 취하고 어디서 다시 롱 포지션을 취할지 결정하라. 차트를 종이로 가리고 한 번에 하루치씩 데이터를 확인해간다면, 거래의 불확실성과 심리적 압박감을 체험할 수 있을 것이다.

● 거래 사례 6. 빔펠 커뮤니케이션즈: 진입에 관한 문제 ●

기술적 분석의 보편성을 보여주는 또 다른 차트 세트다. 이 차트들은 뉴욕 증권거래소에 상장되어 있는 한 러시아 회사의 주식을 보여주고 있다. 모스크바의 휴대폰 회사인데, 나는 때때로 우리가 빔펠 커뮤니케이션즈를 거래할 때 레닌과 스탈린이 무덤에서 벌떡 일어나는 상상을 해보곤 한다.

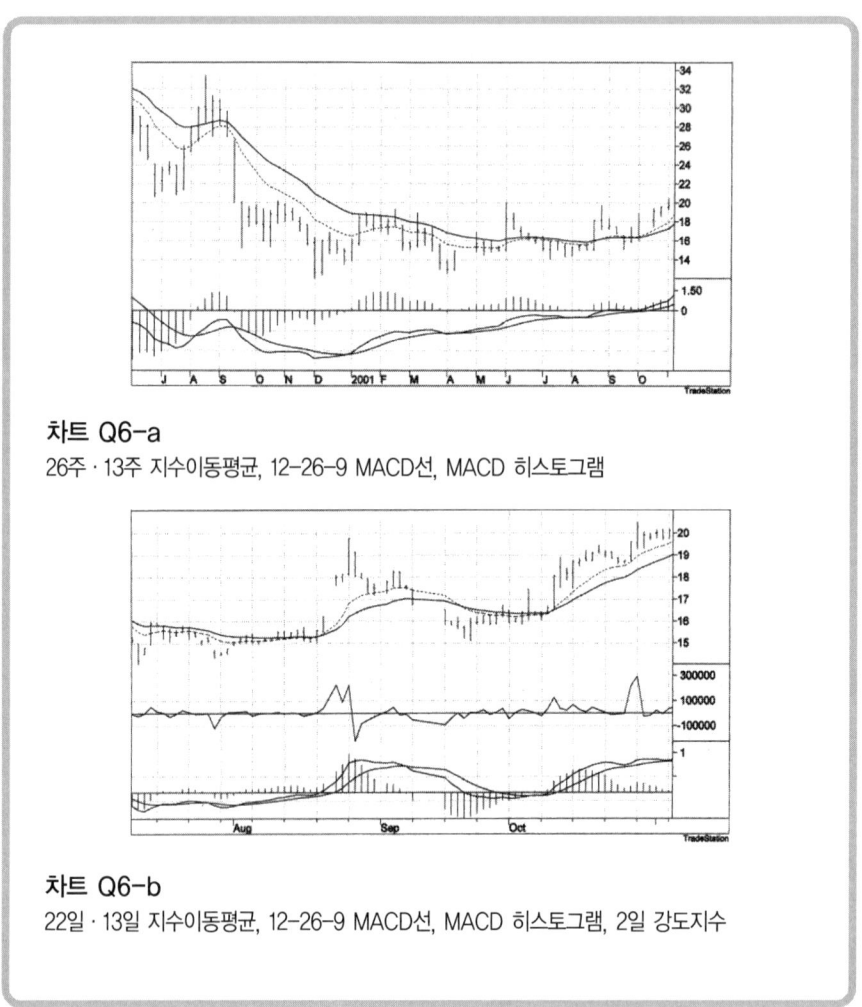

차트 Q6-a
26주 · 13주 지수이동평균, 12-26-9 MACD선, MACD 히스토그램

차트 Q6-b
22일 · 13일 지수이동평균, 12-26-9 MACD선, MACD 히스토그램, 2일 강도지수

● 거래 사례 6. 빔펠 커뮤니케이션즈: 청산에 관한 문제●

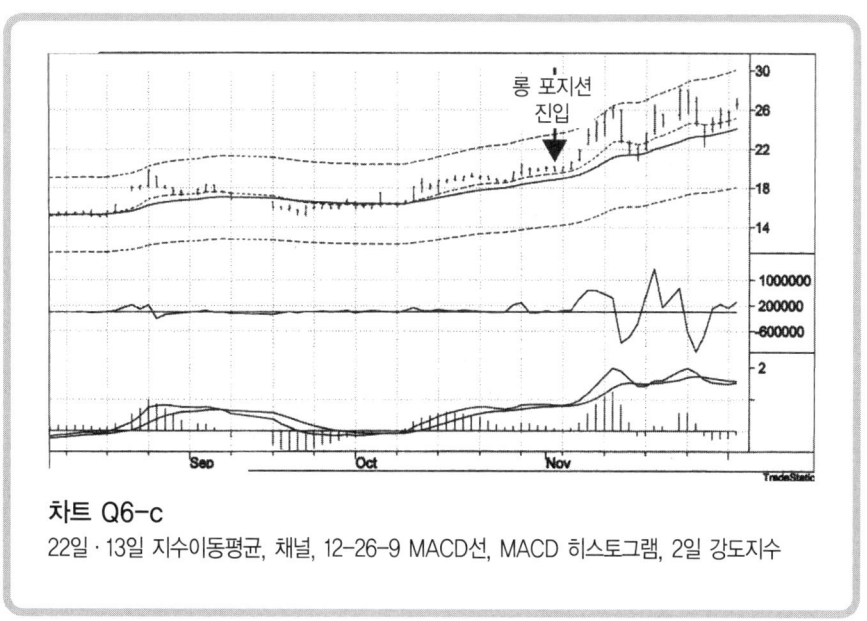

차트 Q6-c
22일 · 13일 지수이동평균, 채널, 12-26-9 MACD선, MACD 히스토그램, 2일 강도지수

종이로 차트를 가리고, 왼쪽에서 오른쪽으로 천천히 종이를 움직이며 하루치씩 차트를 확인하라. 청산 시점과 재진입 시점을 표시하고 각각에 대한 설명을 적어라. 이를 마치면 해답 페이지로 가서 답을 확인하고 정확하게 맞힌 청산 시점이나 재진입 시점에 따라 점수를 받는다.

우리는 10월에 13일 지수이동평균 근처에서 빔펠 커뮤니케이션즈를 매수했다. 화살표로 표시된 지점이다. 차트 패턴과 지표 신호들을 활용하여 어디서 이익을 취하고 어디서 다시 롱 포지션을 취할지 결정하라. 차트를 종이로 가리고 한 번에 하루치씩 데이터를 확인해 간다면, 이 이국적인 주식을 거래할 때의 불확실성을 다소나마 체험해볼 수 있을 것이다.

● 거래 사례 7. IBM: 진입에 관한 문제 ●

IBM은 '빅 블루'라고 불리며, 기관들이 폭넓게 보유하고 있다. 블루칩 클럽의 창립 멤버라 하겠다. 단기 변동이 일어날 수는 있지만 투기적 저가주처럼 급등이나 폭락이 일어날 확률은 낮다.

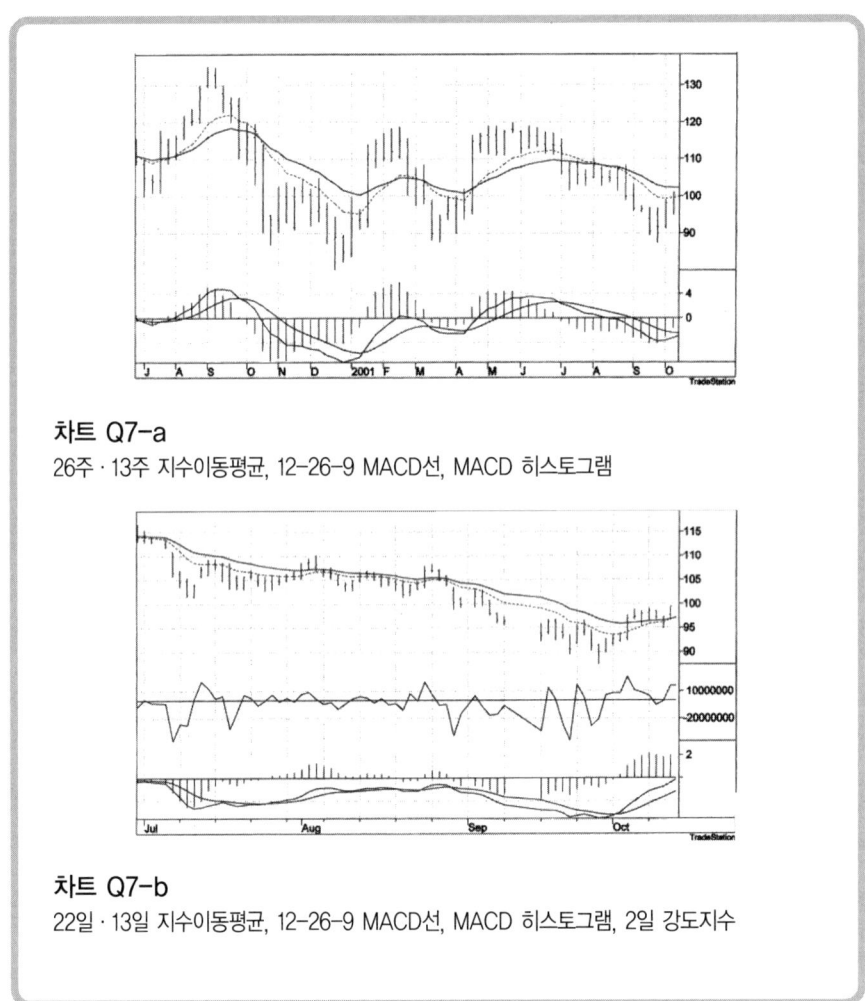

차트 Q7-a
26주 · 13주 지수이동평균, 12-26-9 MACD선, MACD 히스토그램

차트 Q7-b
22일 · 13일 지수이동평균, 12-26-9 MACD선, MACD 히스토그램, 2일 강도지수

196

● 거래 사례 7. IBM: 청산에 관한 문제 ●

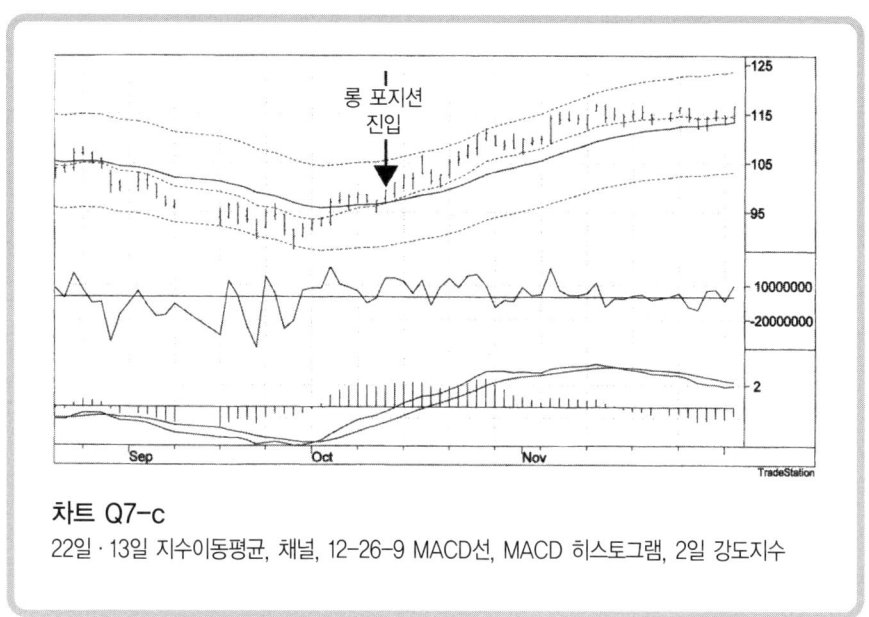

차트 Q7-c
22일 · 13일 지수이동평균, 채널, 12-26-9 MACD선, MACD 히스토그램, 2일 강도지수

종이로 차트를 가리고, 왼쪽에서 오른쪽으로 천천히 종이를 움직이며 한 번에 하나씩의 바를 조사하라. 진입 시점과 청산 시점, 재진입 시점을 확인하고 이를 차트에 표시한 후, 간략한 설명을 덧붙여라. 이 일을 끝내기 전까지는 해답 페이지를 펼쳐보아서는 안 된다.

　우리는 10월에 13일 지수이동평균 근처에서 IBM을 매수했다. 화살표로 표시된 지점이다. 한 번에 하루치씩의 데이터를 추적하여 어디서 이익을 취하고 어디서 다시 롱 포지션을 취할지 판단하라.

● 거래 사례 8. 바이오베일 코퍼레이션: 진입에 관한 문제 ●

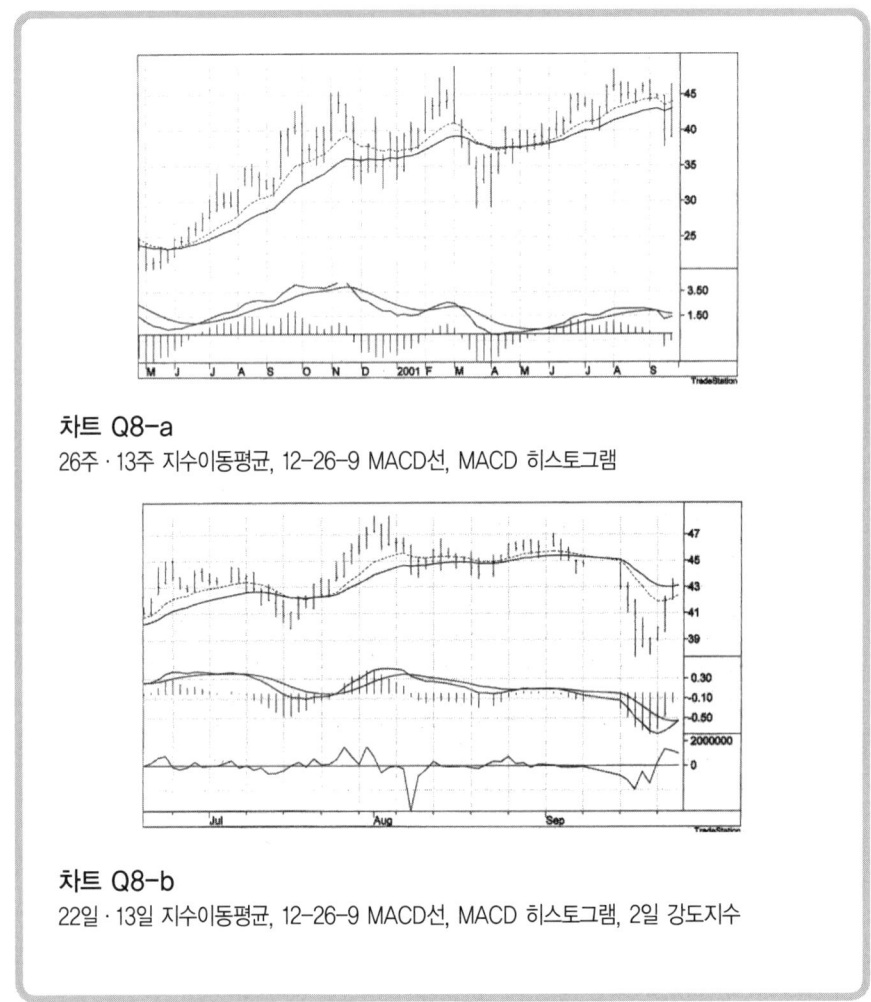

차트 Q8-a
26주 · 13주 지수이동평균, 12-26-9 MACD선, MACD 히스토그램

차트 Q8-b
22일 · 13일 지수이동평균, 12-26-9 MACD선, MACD 히스토그램, 2일 강도지수

주간 차트와 일간 차트 각각에서 적어도 2개의 거래 신호를 찾아 표시하고 차트의 오른쪽 가장자리에서 거래 결정을 하라.

● 거래 사례 8. 바이오베일 코퍼레이션: 청산에 관한 문제 ●

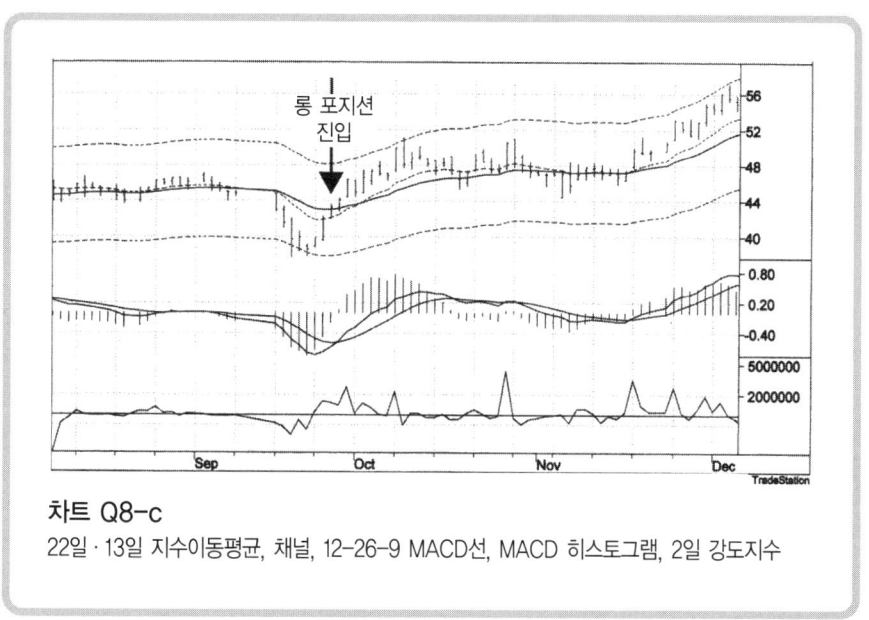

차트 Q8-c
22일 · 13일 지수이동평균, 채널, 12-26-9 MACD선, MACD 히스토그램, 2일 강도지수

이전과 똑같이 종이로 차트를 가리고, 왼쪽에서 오른쪽으로 천천히 종이를 움직이며 한 번에 하나씩의 바를 조사하라. 진입 시점과 청산 시점, 재진입 시점을 확인하고 이를 차트에 표시한 후 간략한 설명을 적어라. 전체 차트에서 이 일을 마치면 해답 페이지를 보라.

우리는 9월에 주가가 지수이동평균을 가로지를 때 바이오베일 코퍼레이션을 매수했다. 화살표로 표시한 지점이다. 한 번에 하루치씩의 데이터를 추적하여 어디서 이익을 취하고 어디서 다시 롱 포지션을 취할지 찾아라.

PART **04**

거래 사례: 해답 및 평가

COME INTO MY TRADING ROOM

● 거래 사례 1. 오라클 사: 진입에 관한 해답 ●

추락한 천사가 다시 비상할 준비를 하다

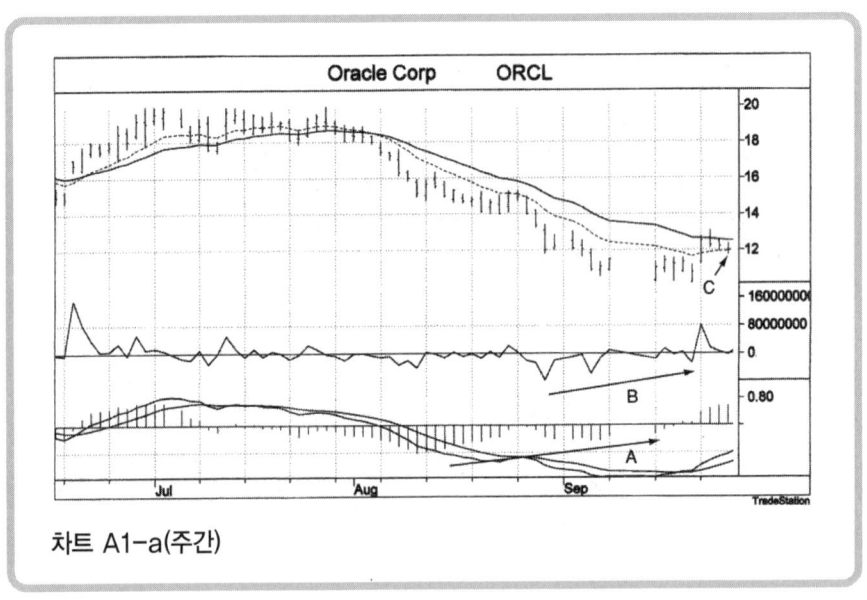

차트 A1-a(주간)

2000년 기술주들의 상승장이 끝나자 바로 끔찍한 하락장이 찾아왔다. 많은 취약한 회사들이 상장 폐지되고 파산했다. 탄탄하게 운영되던 많은 회사들도 주가가 하락했다. 오라클은 미국의 거대 테크놀로지 기업 중 하나이며, 터무니없는 닷컴 기업 따위가 아니다. 그러나 오라클의 주가 역시 2000년 46의 고점에서 2001년 10의 저점으로 떨어졌다. 거의 80퍼센트에 이르는 하락이다.

2001년 10월 초, 주간 MACD 히스토그램이 3월의 바닥보다 높아진 바닥을 형성하면서 상승 다이버전스가 만들어졌다. 이때 물론 주가는 전보다 낮아진 바닥을 형성했다. 13주 지수이동평균은 평평해졌고, 장기의 26주 지수이동평균은 여전히 하락세였지만 우리는 MACD 히스토그램의 상승 다이버전스를 근거로 이 지수이동평균의 신호를 무시할 수 있다.

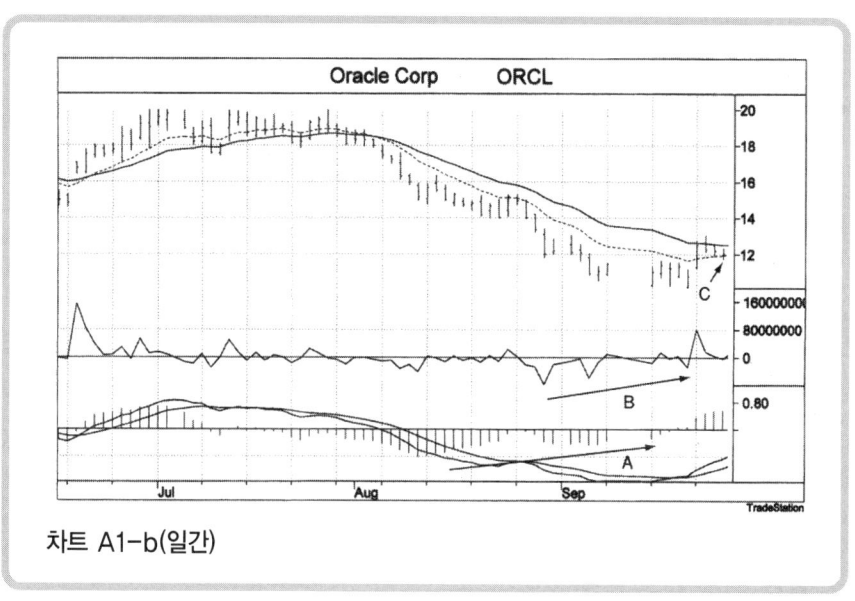

차트 A1-b(일간)

일간 차트에서는 두 개의 상승 다이버전스가 형성되었다. 우선 가격이 계속 더 낮아지고 있는 동안 MACD 히스토그램은 계속 더 얕은 바닥을 형성하며 매도 세력이 약화되고 있음을 보여주고 있다. 강도지수 역시 바닥이 계속 얕아지며 매도세의 동력이 떨어졌음을 보여주고 있다.

차트에서 9월의 빈 공간은 9·11 사태 뒤 시장이 문을 닫았던 한 주를 나타낸다. 시장이 다시 문을 연 뒤 급락하기는 했지만, 오라클은 며칠간 새로운 저가를 기록한 뒤 랠리를 시작했다. 이 랠리가 진행되는 동안 강도지수는 6월 이후 최고점에 도달하여, 이 주식이 불타나게 팔리고 있으며 매도 세력은 더 이상 힘을 쓰지 못하고 앞으로도 주가가 상승할 가능성이 크다는 것을 확인시켜주었다.

진입에 대한 평가

● 주간 차트
  • A—MACD 히스토그램의 상승 다이버전스: 1점
  • B—MACD선의 상승 다이버전스: 1점
  • C—주가가 지수이동평균 아래, 저평가 영역 내에 있음: 1점
● 일간 차트
  • A—MACD 히스토그램의 상승 다이버전스: 1점
  • B—강도지수의 상승 다이버전스: 1점
  • C—13일 지수이동평균이 상승 중이고, 주가가 기간이 다른 두 지수이동평균 사이에 있으며 이는 가치 거래 영역이기도 함: 1점
● 결정
  • 롱 포지션 매수. 이번 달의 저점 아래에 손실제한주문을 해두고, 자금관리 원칙을 지킴: 3점
● 합격 점수: 6점

● 거래 사례 1. 오라클 사: 청산에 관한 해답 ●

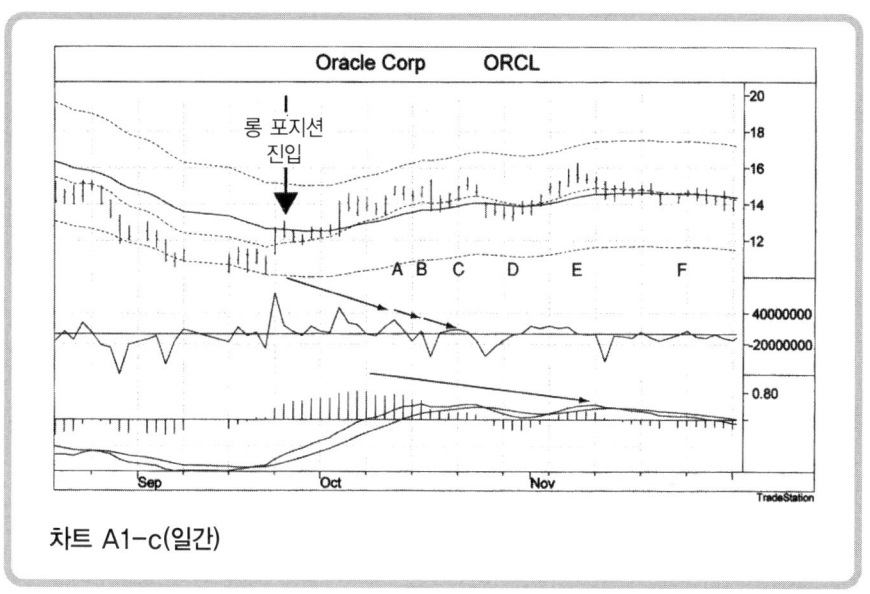

차트 A1-c(일간)

오라클은 얼마 안 있어 이동평균선 위로 상승했다. 주가가 상단 채널선에 도달하는 데 실패했다는 점은 상승 움직임이 강력하지 못하다는 것을 보여준다. 채널은 9월 하락 구간의 주가 데이터를 충분히 포함할 수 있게 그려져 있다. 하지만 하락하는 주가가 하단 채널선을 뚫고 나가기도 했다. 이제 주가가 상단 채널선에 이르는 데 실패했다는 것은 랠리가 약하며 더 이상 기다리지 말고 이익을 실현해야 한다는 뜻이다. 시간을 두고 기다려야 할 때는 랠리가 강력할 때다.

A에서 강도지수가 삼중 하락 다이버전스를 형성했다. 주가가 세 차례 상승 구간을 형성하는 동안 강도지수는 계속 더 낮은 천정을 만들었다. 가격은 여전히 상단 채널선에 도달하지 못하고 있다. 따라서 이 지점에서 이익을

실현하고 다른 곳으로 관심을 돌리는 것이 낫다. B에서 다이버전스가 커졌고 C에서는 마지막으로 요란하게 종이 울렸다. 이때는 랠리 시작 후 강도지수가 처음으로 큰 폭으로 하락한 뒤 다시 중앙선을 넘은 때다.

영역 C에서 매도 기회를 놓치면, 주가가 지수이동평균 아래로 하락하는 불쾌한 광경을 계속 지켜보아야 한다. 주가가 D로 하락했을 때는 사실 또 다른 매수 기회다. 그 뒤 영역 E에서 MACD 히스토그램의 하락 다이버전스가 형성되었다. 가격은 더 높은 고점을 기록하지만, 지표의 고점은 더 낮아져 있다.

E의 청산 지점을 놓친 거래자는 영역 F에서 마지막 기회를 얻는다. 이곳에서 지수이동평균은 아래쪽으로 고개를 수그리며 매도하라는 비명을 지르고 있다. 이 지점을 넘어서까지 롱 포지션을 보유하고 있다면, 단도직입적으로 말해 거래에 실패한 것이다.

청산에 대한 평가

● 일간 차트 A-1c
  • 영역 A에서 롱 포지션 처분: 3점
  • 영역 B에서 롱 포지션 처분: 2점
  • 영역 C에서 롱 포지션 처분: 2점
  • 영역 D에서 롱 포지션 재진입: 2점
  • 영역 E에서 롱 포지션 처분: 3점
  • 영역 F에서 롱 포지션 처분: 1점
● 합격 점수: 7점

왜 몇몇 카지노에서는 테이블에서 더 많은 시간을 보낼 수 있도록 플레이어들에게 보너스를 주는 것일까? 그들은 당신이 오래 머물수록 카지노에서 돈을 잃고 떠날 확률이 높아진다는 것을 알기 때문이다. 최상의 거래는 매우 짧은 기간에 이루어진다. 당신은 무질서의 바다에서 질서의 섬을 발견하여 거래를 하고 재빨리 이익을 챙긴 다음 또 다른 거래를 찾아나서야 한다. 이상적인 청산은 없다. 하지만 일반적으로 말해 빠른 청산이 느린 청산보다 낫다.

● 거래 사례 2. 선 마이크로시스템즈: 진입에 관한 해답 ●

밑바닥까지 주저앉다

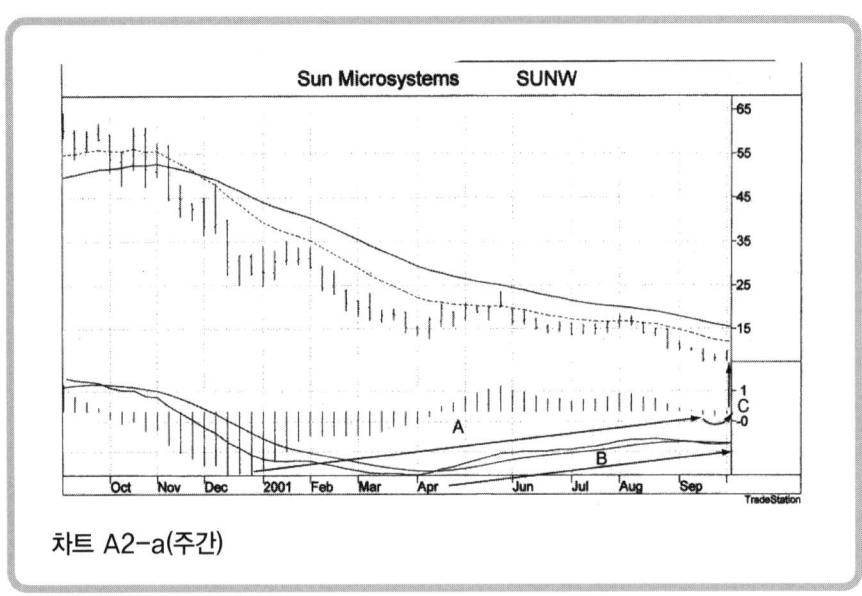

차트 A2-a(주간)

이 주식은 또 하나의 '추락한 천사' 다. 하이테크주들의 하락장 때 하늘에서
떨어진 고공비행주다. 많은 불쌍한 영혼들이 필사적으로 덤벼들어 65에서
선 마이크로시스템즈를 매수했지만 이 주식이 7.50의 저가를 기록했을 때
는 매수자가 거의 나타나지 않았다. 바의 평균적인 길이는 거래 활동의 수준
을 나타낸다. 바들은 가격이 10 아래일 때보다 60 위일 때 훨씬 길다. 많은
대중이 바닥 근처보다는 천정 근처에서 이 주식에 관심을 가졌다는 것을 보
여준다.

　주간 차트의 오른쪽 가장자리에서 MACD 히스토그램은 상승 다이버

전스 A를 형성했다. MACD 히스토그램은 2000년의 바닥보다 2001년의 바닥이 훨씬 얕은 반면 그동안 주가는 전보다 훨씬 더 낮아졌다. 이 외에도 좀처럼 보기 힘든 MACD선의 상승 다이버전스 B가 4월과 9월의 바닥 사이에 형성되었다. 영역 C에서 주가는 지수이동평균 아래의 저평가 영역에 있고, MACD 히스토그램의 최근 바는 아래쪽을 가리키고 있지만 전의 바보다 짧아졌다. 이로 인해 상승 다이버전스가 완성되면서 일간 차트에서 롱 포지션 진입 기회를 찾으라는 메시지가 나타난다.

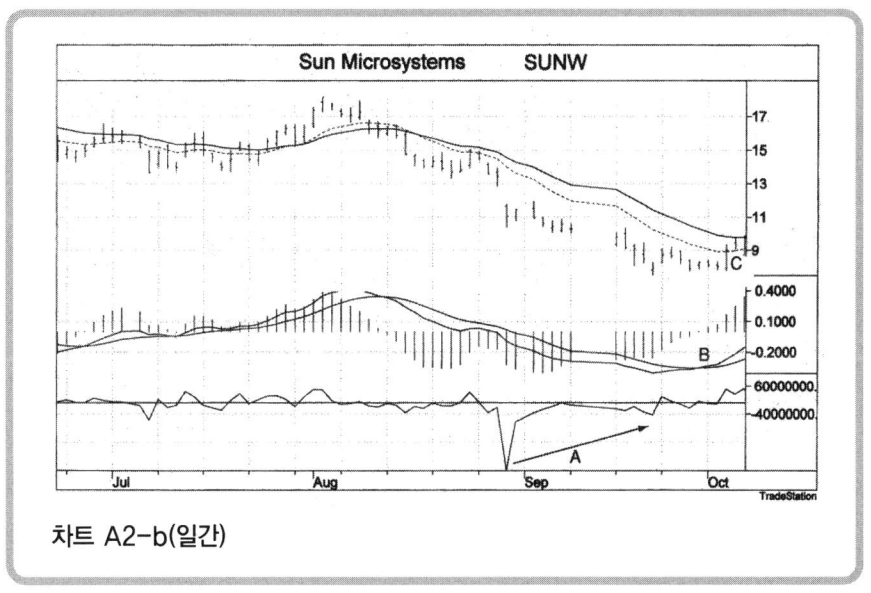

차트 A2-b(일간)

일간 차트에서는 강도지수와 주가 사이에서 상승 다이버전스가 형성되며, 9월 말 저가가 기록되는 동안 매도 세력이 약해졌다는 것을 보여준다. 영역 B에서 MACD 히스토그램과 MACD선이 상승하면서 매수 세력의 힘을 확인시켜주고 있다. 차트의 오른쪽 가장자리에서, 즉 C에서 단기 지수이동평균은 이미 상승 중이다. 이것은 강세 신호다. 장기 지수이동평균은 아직 평평하고, 주가는 두 지수이동평균 사이의 가치 거래 영역 안에 있다.

진입에 대한 평가

● 주간 차트
  - A—MACD 히스토그램의 상승 다이버전스: 1점
  - B—MACD선의 상승 다이버전스: 1점
  - C—가격이 지수이동평균 아래, 저평가 영역 내에 있음: 1점
● 일간 차트
  - A—강도지수의 상승 다이버전스: 1점
  - B—상승하는 MACD 히스토그램과 MACD선" 1점
  - C—13일 지수이동평균이 상승 중이고, 주가가 기간이 다른 두 지수 이동평균 사이에 있으며 이는 가치 거래 영역이기도 함: 1점
● 결정
  - 롱 포지션 매수. 이번 달의 저점 아래에 손실제한주문을 해두고, 자금관리 원칙을 지킴: 3점
● 합격 점수: 6점

● 거래 사례 2. 선 마이크로시스템즈: 청산에 관한 해답 ●

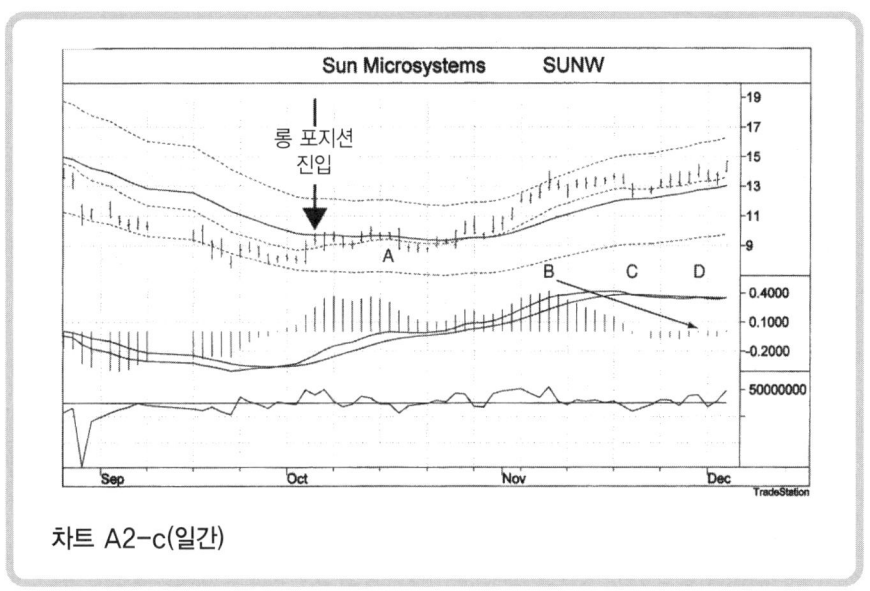

차트 A2-c(일간)

대체로 장기 이동평균선에 채널(혹은 엔벨로프)을 그려 넣고 채널 벽을 이익 실현 목표 지점으로 잡으면 큰 도움이 된다. 몇 안 되는 검증된 시장 행동 중 하나는 시장이 가치의 위아래로 변동하는 경향이 있다는 것이다. 이동평균선 근처(즉, 가치 영역)에서 매수하고, 주식이나 상품이 과대평가 상태가 되었을 때(즉, 가격이 상단 채널선 근처에 도달했을 때) 매도하는 것이 우리의 목표가 된다.

선 마이크로시스템즈에서 첫 번째 매도 기회는 영역 A에서 발생했다. 주가가 한 주 이상 이동평균선에 걸쳐 있으면서 아무런 움직임을 보이지 않는 때다. 이런 때는 어떻게 하는 게 좋을까? 시간을 갖고 더 기다리는 게 좋을까 아니면 거래를 종료하고 다른 거래 기회를 찾는 게 좋을까? 소액으로 거래를 한다면 자본이 묶이는 일을 피하는 것이 중요하다. 계좌가 거액인 경우라고 해도 움직임이 없는 주식은 거래자의 자본만 묶어놓는 게 아니다. 다른 유망한 거래 기회에 참여할 수 없도록 하고 신경을 쓰게 만든다. 아픈 아이가 가족의 관심을 독차지하게 되는 것과 마찬가지다. 따라서 포지션을 청산하는 게 좋다.

만약 계속 주식을 보유하고 있다면, 영역 B에서 환상적인 매도 기회가 찾아온다. 주가는 상승하여 예외적으로 긴 바를 형성하며 상단 채널선을 찔렀다. 하지만 폐장에 가까워지면서 하락하여 채널 안으로 들어가며 하루를 마감했다. 우리의 목표는 가치 수준 위에서 매도를 하는 것이다. 이렇게 마감했다는 것은 이 주식이 과대평가 상태에 있고 더 이상 이 수준을 유지할 수 없다는 것을 보여준다. MACD 히스토그램은 다음날 하락하면서 매수 세력이 숨차 하고 있는 것을 확인시켜준다.

추수감사절 무렵, 주간 차트가 여전히 상승 추세에 있는 동안, 영역 C에서 주가가 두 개의 지수이동평균 사이에 있는 영역 안으로 신속하게 들어가 매수 기회가 만들어졌다. 그러다가 영역 D에서 선 마이크로시스템즈가 이중 천정을 형성하는 동안 MACD 히스토그램은 하락 다이버전스를 형성하며 강력한 매도 신호를 나타냈다. 주가는 상단 채널선에 도달하는 데 실패하고, 그동안 MACD 히스토그램은 하락했다. MACD선도 하락세로 바뀌었다. 이제는 더 이상 주식을 갖고 있을 이유가 없어졌다. 테이블 위의 딴 돈을 거두어 다른 주식으로 관심을 돌릴 때다.

청산에 대한 평가

● 일간 차트 A-2c
  • 영역 A에서 롱 포지션 처분: 3점
  • 영역 B에서 롱 포지션 처분: 5점
  • 영역 C에서 롱 포지션 재진입: 3점
  • 영역 D에서 롱 포지션 처분: 3점
● 합격 점수: 8점

● 거래 사례 3. 크롤 사: 진입에 관한 해답 ●

크롤, 우선적인 관심의 대상이 되다

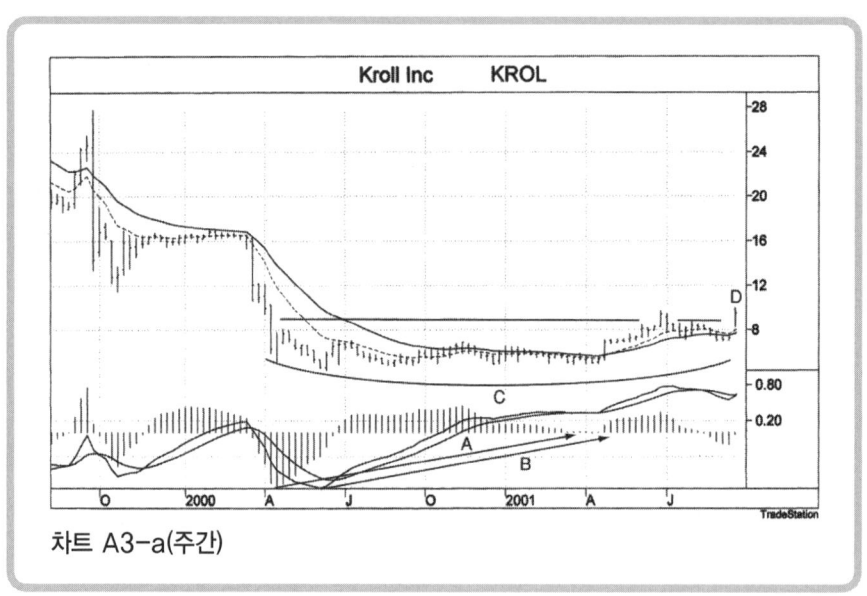

차트 A3-a(주간)

이 거래는 기본적 분석의 중요성과 개인적 친분 관계의 가치를 보여준다.
9 · 11 사태가 벌어진 뒤에 얼마 안 있어 맨해튼에 있는 내 아파트에서 캠프
참여자들의 월별 정기 모임이 열렸다. 우리는 다음 몇 달 동안 보안주가 투
자 · 거래의 테마가 될 것이라는 데 의견을 함께했다. 나는 캠프 멤버 중 한
명에게 모든 보안 관련 회사의 리스트를 뽑아달라고 부탁했다. 나는 삼중 스
크린 시스템을 이용하여 그 리스크의 회사들을 하나하나 조사했고, 그 과정
에서 크롤이 가장 매력적인 주식임을 발견했다. 나는 모임에 참여했던 모든
사람들에게 이메일로 분석 결과를 알렸다.

크롤 사는 국제적인 기업 보안 회사다. 이 회사의 주식은 1999년 41 위에서 거래되다가 2000년에 현명하지 못한 몇 가지 인수 건으로 인해 5 밑으로까지 떨어졌다. 2001년에는 매도 기조가 완전히 꺼지며 움직임이 사라졌다. 주간 가격 범위는 무척 좁았다. MACD 히스토그램과 MACD선이 상승 다이버전스 A와 B를 형성하는 동안 주가는 '접시 바닥 saucer bottom' 이라고 불리는 둥근 바닥을 형성했고, D에서 돌파가 일어났다.

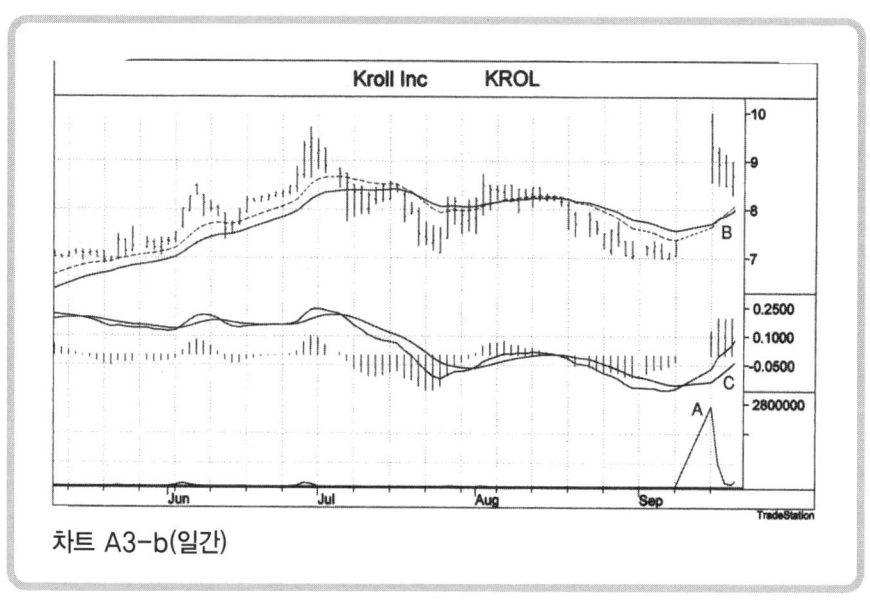

차트 A3-b(일간)

일간 차트는 9월 거래가 재개되자마자 상승 갭이 발생한 것을 보여준다. 강도지수의 엄청난 증가폭은 그전까지의 기록을 드넓은 평원처럼 보이게 만들었다. 매수 세력의 힘이 대단하다는 것을 보여주고, 앞으로 가격이 더 상승하리라는 것을 예고하고 있다. 두 개의 이동평균선 모두 차트 오른쪽 가장자리에서 상승하고 있다. 강세 신호다. MACD 히스토그램과 MACD선

또한 상승 중으로, 매수 세력의 힘을 확인시켜주고 있다.

진입에 대한 평가

● 주간 차트
- A—MACD 히스토그램의 상승 다이버전스: 1점
- B—MACD선의 상승 다이버전스: 1점
- C—가격이 지수이동평균 아래, 저평가 영역에 있음: 1점
- D—돌파: 1점

● 일간 차트
- A—강도지수의 상승: 1점
- B—상승하는 MACD 히스토그램과 MACD선: 1점
- C—상승하는 13일 지수이동평균과 22일 지수이동평균: 1점

● 결정
- 롱 포지션 매수. 이번 달의 저점 아래에 손실제한주문을 해두고, 자금관리 원칙을 지킴: 3점
- 또한 일간 차트의 저가가 단기 지수이동평균에 닿을 때 매수하기 위해 기다리면서 매일 매수 주문을 조정함: 3점(이런 고가에서 매수를 고려하는 것은 시장의 펀더멘털이 갑작스럽게 큰 변화를 일으켰기 때문이다.)

● 합격점수: 7점

216

● 거래 사례 3. 크롤 사: 청산에 관한 해답 ●

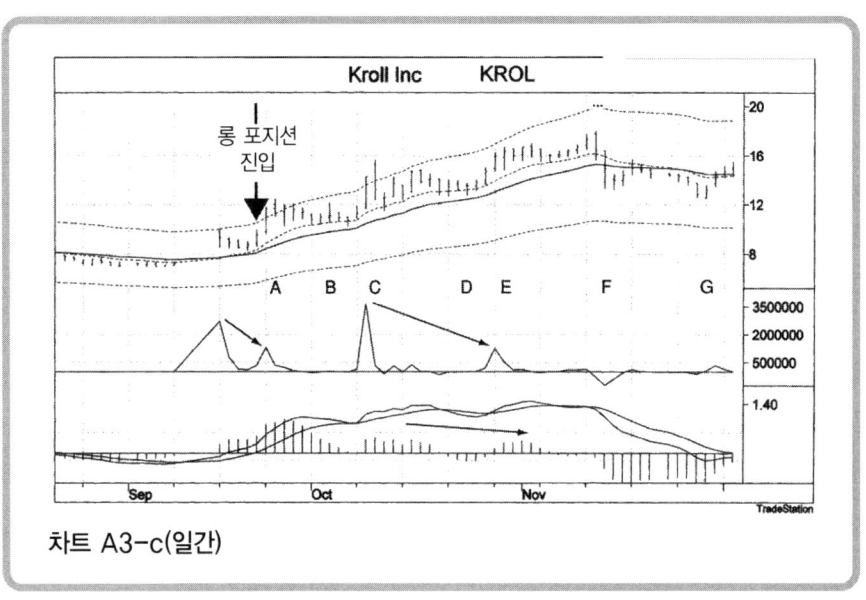

차트 A3-c(일간)

첫 번째 매도 기회는 영역 A에서 나타났다. 이곳에서 주가는 채널을 침범하고 강도지수는 하락 다이버전스를 형성했다. 영역 B에서는 크롤이 13일 지수이동평균 수준으로 내려앉으며 재진입 기회가 생겨났다. 우리는 날마다 이 지수이동평균을 계산하여 다음날의 값을 예측한 다음, 그 가격에 매수 주문을 내야 한다.

영역 C에서 주가가 상승하면서 우리는 선택에 직면한다. 엔벨로프 위에서 이익을 취할 것인가 아니면 강도지수의 고점 C가 고점 A보다 높으므로 주식을 계속 보유하고 있을 것인가? 가격 상승 시 매수 세력이 강해지면 앞으로 계속 가격이 오를 가능성이 커진다.

영역 D에서 지수이동평균으로 하향 후퇴가 일어나 롱 포지션을 다시 취하거나 기존의 포지션을 늘릴 좋은 기회가 생겨났다. 영역 E에서 주가가 상승하여 최상의 롱 포지션 청산 기회를 제공한다. 강도지수의 하락 다이버전스 C-E는 매수세의 동력이 약화되고 있다는 것을 보여주고, 주가가 상단 채널선 도달에 실패한 사실도 이런 메시지를 확인시켜주고 있다. 강도지수와 마찬가지로 MACD 히스토그램 역시 하락 다이버전스를 형성했다. 상승 추세가 반전을 준비하고 있다는 경고의 종소리가 울리고 있다. 매수 세력에게는 이미 게임이 끝난 셈이다.

영역 F에서 주가가 급락하면서 손실제한주문이나 이익 보호용 주문들이 이행되었을 것이 분명하다. 영역 G에서 두 개의 지수이동평균 모두가 하락하면서 당신에게 매도를 외치고 있다. 하지만 여기서 시장을 나가는 사람들은 빈둥거리다가 훨씬 더 수익성이 높은 이전의 청산 시점을 모두 놓쳐버린 초보자들이다.

청산에 대한 평가

- 일간 차트 A-3c
  - 영역 A에서 롱 포지션 처분: 3점
  - 영역 A에서 롱 포지션 보유: 3점
  - 영역 B에서 롱 포지션 추가 매수: 3점
  - 영역 C에서 롱 포지션 처분: 3점
  - 영역 C에서 롱 포지션 보유: 3점
  - 영역 D에서 롱 포지션 추가 매수: 3점
  - 영역 E에서 롱 포지션 처분: 5점
  - 영역 F에서 롱 포지션 처분: 1점
  - 영역 G에서 롱 포지션 처분: 1점
- 합격 점수: 13점

● 거래 사례 4. 임클론 시스템: 진입에 관한 해답 ●

임클론 시스템, 산재한 적들에 대항하며 꾸준한 추세를 유지하다

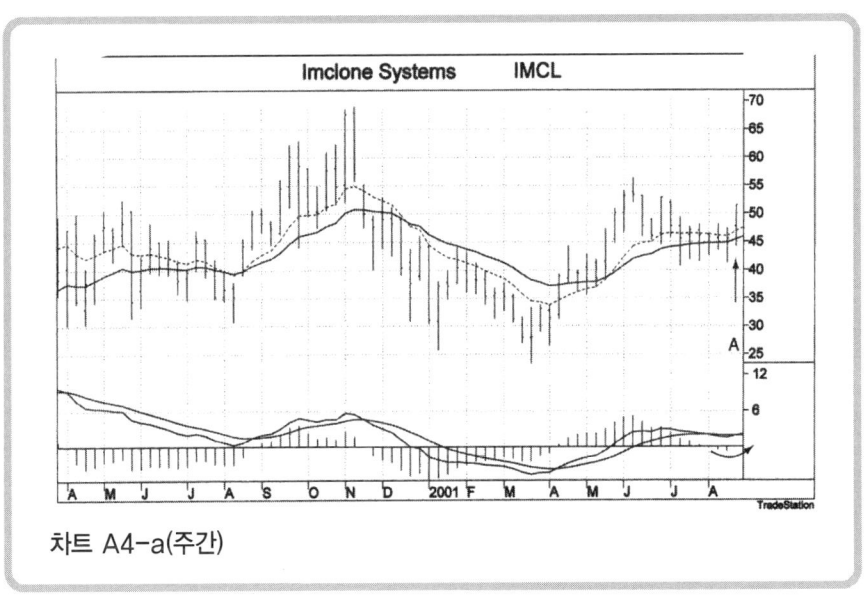

차트 A4-a(주간)

삼중 스크린 거래 시스템의 핵심 원칙은 장기 차트에서 전략적 결정을 내린 다음 단기 차트로 옮겨 진입과 청산에 관한 전술적 결정을 내린다는 것이다. 임클론 시스템의 주간 차트는 일련의 느리고 꾸준한 변동을 보여준다. 각 변동은 수개월간 지속되었다. 상승 움직임을 탈 수 있다면, 롱 포지션을 매수하여 흐름이 바뀌지 않는 한 보유하고 있어야 할 것이다. 마찬가지로 만약 하락 움직임을 탄다면, 하락 움직임이 계속되는 한 숏 포지션을 보유하고 있어야 한다.

주간 차트 오른쪽 가장자리를 보면, 영역 A에서 두 개의 주간 지수이동평균이 상승하면서 매수 신호를 보내고 있다. 동시에 MACD 히스토그램 역시 상승하면서 매수 신호를 강화시켜주고 있다(이것은 임펄스 시스템 매수다. 지수이동평균과 MACD 히스토그램이 모두 상승했기 때문이다).

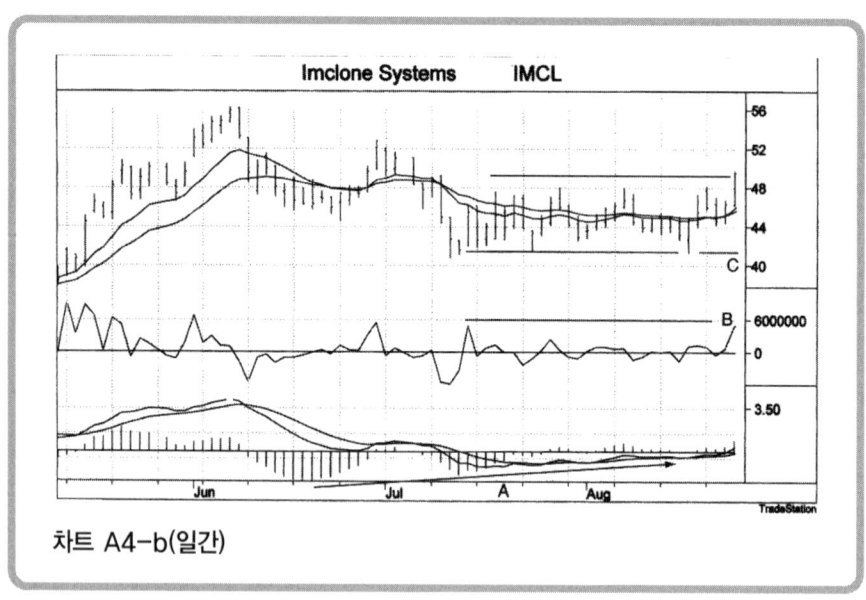

차트 A4-b(일간)

　　일간 차트를 보면, 임클론 시스템은 지난 2개월간 평평한 거래 범위 내에 묶여 있었다. MACD 히스토그램은 바닥이 얕아지면서 매도 세력이 약화되고 있는 것을 보여준다. 반면 매도 세력은 힘을 유지하고 있다. MACD 히스토그램이 중앙선 위로 상승하면서 지난 2개월 동안의 고점과 동일한 수준에 도달했기 때문이다.

　　차트 오른쪽 가장자리 근처에서는 주가가 저항선을 향해 상승하는 동안 강도지수는 몇 달 만에 새로운 고점을 기록하여 강세 신호를 확인시켜주었다. 마침내 주가는 저항선을 뚫었고 저항선 위에서 종가가 형성되었다. 이렇게 돌파가 일어나면 저항선은 지지선으로 변하고, 앞으로 하락 때 이곳에서 바닥이 형성될 가능성이 커진다.

진입에 대한 평가

- 주간 차트
  - A—MACD 히스토그램 상승: 1점
  - A—두 개의 이동평균선의 상승: 1점
- 일간 차트
  - A—MACD 히스토그램의 상승: 1점
  - B—강도지수의 새로운 고점 기록: 1점
  - C—저항선 돌파: 1점
- 결정
  - 롱 포지션 매수. 이번 달의 저점 아래에 손실제한주문을 해두고, 자금관리 원칙을 지킴: 3점
  - 또한 일간 차트의 가격 바가 13일 지수이동평균에 닿을 때 매수하기 위해 기다리면서 매일 매수 주문을 조정함: 3점
- 합격 점수: 6점

● 거래 사례 4. 임클론 시스템: 청산에 관한 해답 ●

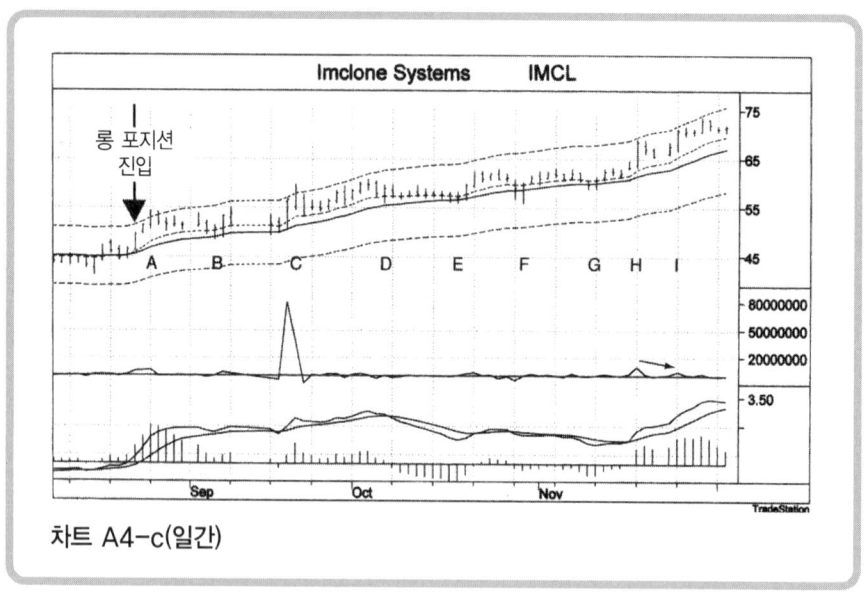

차트 A4-c(일간)

임클론 시스템은 A에서 이익 실현의 기회를 제공한다. 진입 이틀 뒤다. 주가가 채널 밖으로 벗어나면서 과매수 상태에 진입했다. 매도 기회다. 그 뒤에 이어진 하락으로 임클론 시스템은 '스위트 존sweet zone'에 들어갔다. 스위트 존은 장기 지수이동평균과 단기 지수이동평균 사이의 가치 거래 영역이다.

9월에는 창이 만들어졌다. 여기서 창은 9·11 테러 공격 후 주식시장 거래 중단 때문에 생겨난 빈 공간을 말한다. 시장이 다시 문을 연 뒤 대부분의 주식은 하락했다. 하지만 임클론 시스템은 그렇지 않았다. 이틀 뒤 강도지수가 엄청난 폭으로 상승하면서 매수 압력이 커졌다는 것을 알려준다. 주가가 시장의 추세를 뚫고 나갈 때는 정말로 어떤 일이 있어도 그 방향으로 가겠다는 강력한 메시지를 보내기 마련이다.

영역 C에서는 결정을 해야 한다. 엔벨로프 위에서 이익을 실현할 것인가 아니면 주식을 계속 보유하고 있을 것인가? 영역 C에서 강도지수의 고점이 무척 높다는 것은 주가가 앞으로 더 상승할 것임을 예고하고 있다. 왜냐하면 주가 상승과 함께 매수 세력이 더 강해졌기 때문이다.

당신이 매도를 했다면, 영역 D가 새로운 매수 기회를 제공할 것이다. 이곳에서 주가는 13일 지수이동평균 아래로 내려간다. 그다음의 영역 E는 더 좋은 매수 기회다. 영역 E~F에서 변동성이 감소하면서, 주가는 두 개의 지수이동평균 사이에 형성된 가치 거래 영역에서 며칠 동안 머물다가 새로운 랠리를 시작했다. 이 랠리와 그 뒤 바닥 F에서 시작되는 랠리는 확실히 무기력하다. 임클론 시스템은 여전히 상승세를 지속하고 있지만, 예전의 활력을 잃어버린 것이 분명하다.

주가는 H에서 다시 상승하며 상단 채널선에 근접했고, 여기서 다시 이익을 실현할 기회가 찾아왔다. 그런 다음 영역 I에서 마지막으로 좋은 청산기회가 찾아왔다. 여기서 강도지수의 하락 다이버전스가 빨리 매도하라고 아우성을 치고 있다.

청산에 대한 평가

● 일간 차트 A-4c
- 영역 A에서 롱 포지션 매도: 3점
- 영역 A에서 롱 포지션 보유: 3점
- 영역 B에서 롱 포지션 추가 매수: 3점
- 영역 C에서 롱 포지션 매도: 3점
- 영역 D에서 롱 포지션 추가 매수: 3점

- 영역 E에서 롱 포지션 추가 매수: 3점
- 영역 F에서 롱 포지션 추가 매수: 1점
- 영역 G에서 롱 포지션 추가 매수: 1점
- 영역 H에서 롱 포지션 처분: 3점
- 영역 I에서 롱 포지션 처분: 3점

● 합격 점수: 14점

● 거래 사례 5. 밀: 진입에 관한 해답 ●

밀, 모든 사람들이 먹는 것

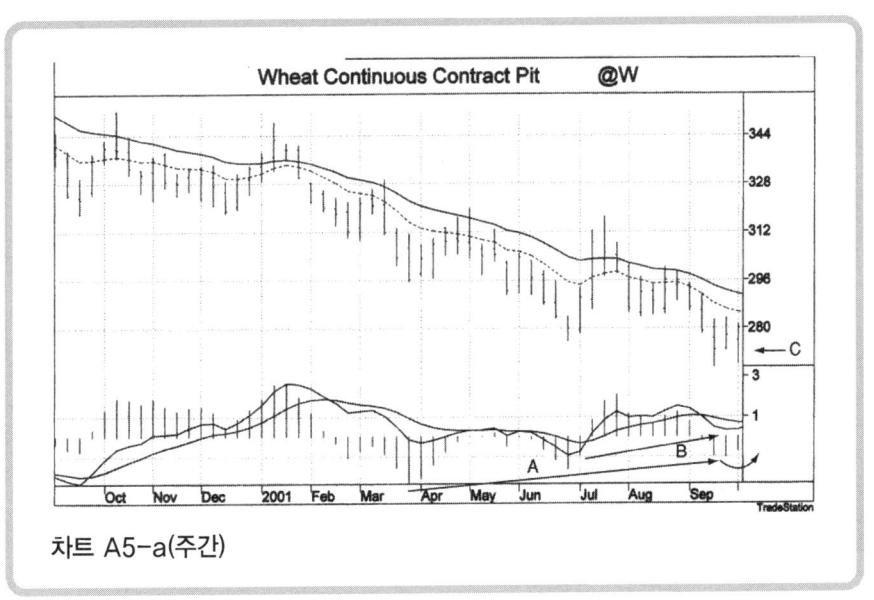

차트 A5-a(주간)

상품은 경제의 필수 구성 요소다. 아마존닷컴의 주식을 정말로 필요로 하는 사람은 아무도 없다. 꽤 괜찮은 투기 종목이라고 할 수 있을지는 모르겠지만, 아마존이 없어진다고 해도 다른 누군가가 여전히 책을 팔고 있을 테고 우리는 거래할 다른 무엇인가를 찾을 수 있을 것이다. 하지만 밀이나 면화, 설탕 혹은 또 다른 상품들이 없다면 우리는 정상적인 삶을 영위할 수 없을 것이다.

상품 계약은 몇 달마다 만료되므로 장기 주간 차트를 분석하기 위해서는 영구적인 혹은 연속적인 계약을 이용해야 한다. 주간 차트는 인접하는 실제 계약들을 연속적으로 짜 맞추어 수학적으로 구성하고, 일간 차트의 연구를 위해서는 실제 계약을 그대로 이용한다.

　　주간 차트의 오른쪽 가장자리에서, 밀은 수년간 이어진 하락장의 마지막 단계에 있는 것처럼 보인다. 십 년 넘는 기간을 따져 밀은 현재 최저가에 있다. 두 개의 지수이동평균 모두 하락하고 있지만, MACD 히스토그램은 지수이동평균의 메시지를 무효화시킬 수 있는 유일한 신호를 보내고 있다. 바로 가격과 MACD 히스토그램 사이에 생긴 상승 다이버전스다. 게다가 주간 차트에서는 좀처럼 보기 힘든 MACD선의 상승 다이버전스도 발생했다.

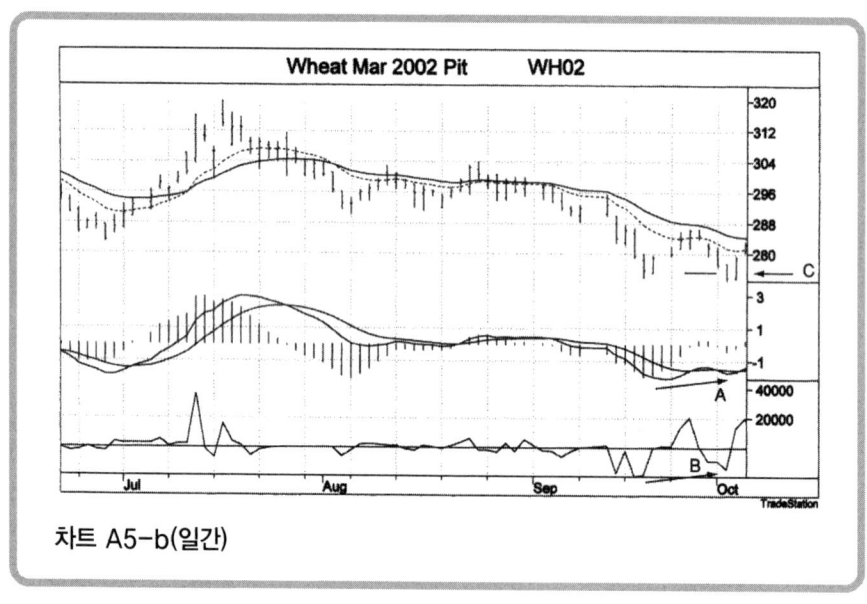

차트 A5-b(일간)

　　일간 차트의 오른쪽 가장자리에서 밀은 몇 주 전, 9월 중순에 기록한 역사적인 저점을 침범했다. 이런 하락 돌파 뒤 밀은 추세를 이어가지 못하고, 오히려 상승했다. MACD 히스토그램과 MACD선, 그리고 강도지수까지 상승 다이버전스를 형성했다. 즉 가격이 더 낮은 바닥을 형성하는 동안 이 지표들은 바닥이 높아졌다. 상당히 좋은 매수 기회다. 최근의 저점 바로 아래에 손실제한주문을 붙여놓고 매수 주문을 내라.

진입에 대한 평가

- 주간 차트
  - A—MACD 히스토그램의 상승 다이버전스: 1점
  - B—MACD선의 상승 다이버전스: 1점
  - C—가격이 가치 거래 영역 아래에, 즉 두 개의 이동평균선 아래에 있음: 1점
- 일간 차트
  - A—MACD 히스토그램의 상승 다이버전스: 1점
  - A—MACD선의 상승 다이버전스: 1점
  - B—강도지수의 상승 다이버전스: 1점
  - C—가짜 하락 돌파: 1점
- 결정
  - 롱 포지션 매수. 이번 주의 저점 아래에 손실제한주문을 해두고, 자금관리 원칙을 지킴: 3점
- 합격 점수: 7점

● 거래 사례 5. 밀: 청산에 관한 해답 ●

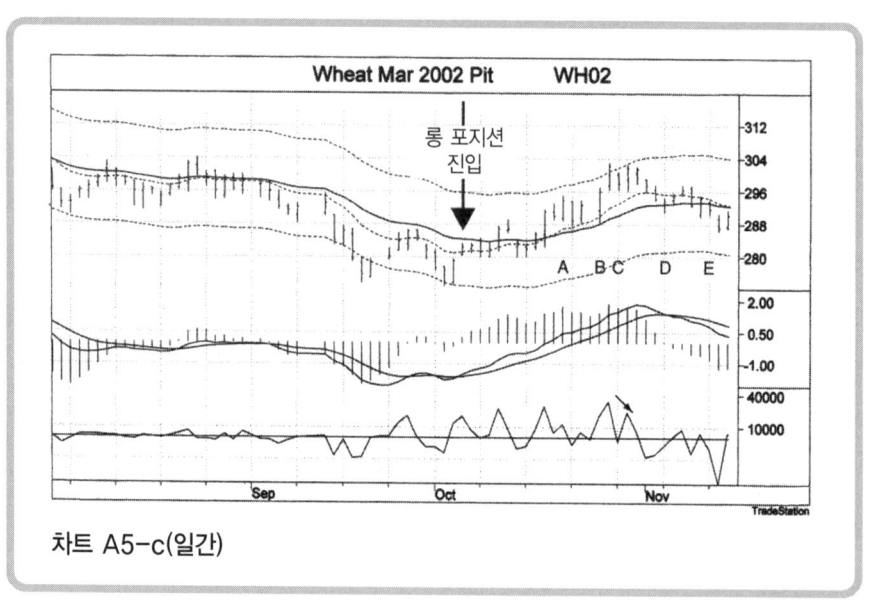

차트 A5-c(일간)

밀은 수년간의 최저가에서 상승을 시작하며 천천히 힘을 끌어모으고 있다. 일별 거래 범위는 아직 좁고 가격은 지수이동평균을 크게 벗어나지 못했다. 느린 상승은 신속한 상승보다 오래 지속되는 경향이 있다. 그러나 영역 A에서 이익을 실현하고 싶은 유혹이 들 것이다. 이때 밀 가격은 이동평균선으로부터 어느 정도 거리를 두는 데 성공했다.

영역 B는 롱 포지션을 다시 매수하거나 기존의 포지션을 추가로 매수하기 위한 적기다. 이때 밀은 두 개의 이동평균선 사이에 형성된 가치 거래 영역 안으로 진입했다. 성실한 거래자는 매일 지수이동평균을 계산하여 하루 뒤의 지수이동평균 값을 예측하고, 그 지점에 매수 주문을 낸다.

가격은 영역 B에서 지수이동평균으로 되돌아간 뒤 C로 폭발적으로 상승했다. 이곳은 당신에게 완벽한 이익 실현 기회를 제공한다. 가격은 채널에서 과대평가 영역으로 나갔지만, 여기에서 강도지수의 하락 다이버전스가 생성되었다. 이는 가격이 단순히 관성에 따라 상승하고 있는 것이며 매수 세력은 사실상 힘이 약해졌다는 뜻이다.

가격은 영역 D에서 지수이동평균 수준으로 되돌아가 거래자들에게 롱 포지션을 다시 매수하라는 유혹을 보낸다. 하지만 주가는 반등하지 않고 여기서 더 하락하며 손실제한주문들을 격발시켰다. 영역 E에서는 두 개의 지수이동평균이 하락하면서 매수 신호를 무효화시켰다. 당분간 밀 가격은 상승 움직임을 찾아보기 힘들 것이다.

아무도 미래를 확실하게 예측하지 못한다. 단순히 확률에 의존할 수밖에 없다. 우리가 할 수 있는 것은 그것뿐이다. 이에 따라 우리는 상승하는 지수이동평균 수준에서 매수를 하여 상단 채널선 근처에서 매도를 하며, 그 와중에 손실제한주문으로 포지션을 보호해야 한다. 거래 방향으로 손실제한주문을 움직일 수 있지만, 그 반대 방향으로 움직여서는 절대 안 된다.

청산에 대한 평가

● 일간 차트 A-5c
  • 영역 A에서 롱 포지션 매도: 3점
  • 영역 B에서 롱 포지션 추가 매수: 3점
  • 영역 C에서 롱 포지션 매도: 5점
  • 영역 D에서 롱 포지션 추가 매수: 3점
  • 영역 E에서 매수 주문 취소 및 나머지 롱 포지션 모두 처분: 3점
● 합격 점수: 9점

● 거래 사례 6. 빔펠 커뮤니케이션즈: 진입에 관한 해답 ●

빔펠 커뮤니케이션즈, 루블에서 달러로

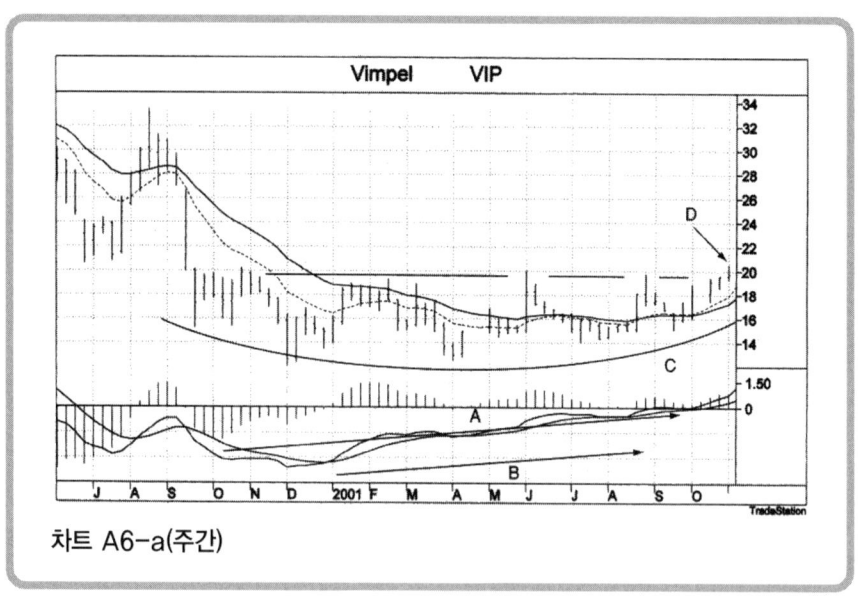

차트 A6-a(주간)

우리는 모든 나라의 모든 시장에 기술적 분석을 적용할 수 있다. 이는 인간 존재의 본질적인 유사성 덕분이다. 문명의 허식은 우리에게 서로 다른 외관을 부여했지만, 그 이면에서 우리는 모두 비슷한 방식으로 생각하고 느끼고 반응한다. 사람들은 스트레스를 받으면, 문화적 경계를 넘어 놀랍도록 비슷한 행동 패턴을 나타낸다. 기술적 분석은 스트레스하의 인간 행동을 포착한다. 빔펠 커뮤니케이션즈가 러시아 주식인 것을 몰랐다면, 당신은 리스트의 다른 주식들과 동일한 방식으로 분석을 했을 것이다.

빔펠 커뮤니케이션즈는 기업공개 때 20달러 후반대를 기록하고 두 차례 60달러 수준에 도달했다가 2000~2001년의 하락장 때 폭락했다. 주가가 20달러 아래로 떨어지자 몇 가지 기술적 패턴들이 나타나기 시작하여, 차트의 오른쪽 가장자리에서 마침내 거래 신호가 발생했다.

MACD 히스토그램이 장기 상승 다이버전스 A를 형성했고, MACD선의 상승 다이버전스 역시 생겨났다. 주가는 접시 바닥을 형성하며 모든 하락 움직임을 싸안았고, 비슷한 가격대에 형성된 고점들은 상승을 억누르고 있는 형태를 나타냈다. 마침내 D에서 가격이 이 저항선을 돌파했다. 이 시점에서 지수이동평균, MACD 히스토그램, MACD선은 상승했다.

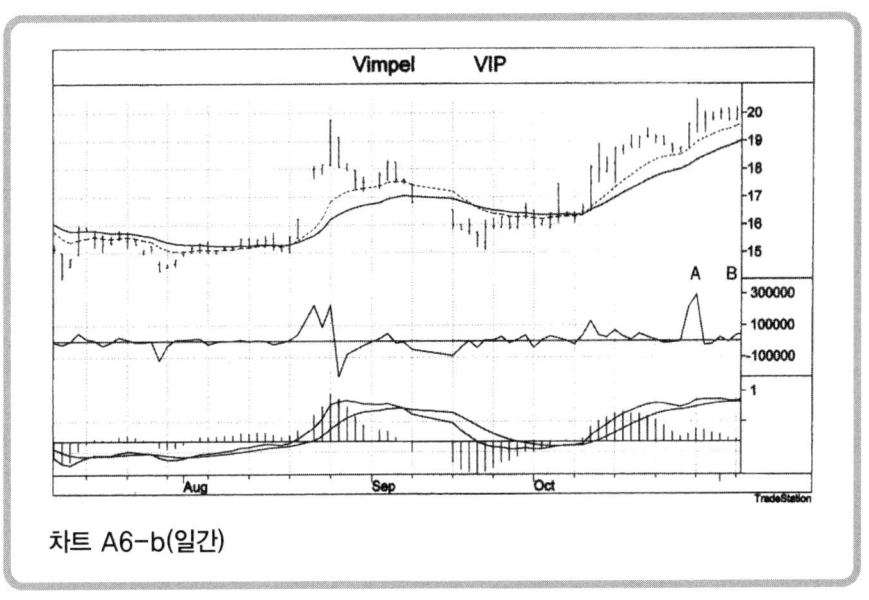

차트 A6-b(일간)

일간 차트의 오른쪽 가장자리에서 빔펠 커뮤니케이션즈는 8월의 고점을 돌파했고, 그 수준을 유지하면서 하락을 거부했다. 이 돌파는 강도지수의 고점 A에 의해 확인된다. 여기서 몇 개월 만에 최고 수준에 도달한 강도지수는 주가가 더 높아질 것을 예고하고 있다. 여기서 MACD 히스토그램의 패턴을 하락 다이버전스라고 부를 수 있을까? 아니다. 왜냐하면 MACD 히스토그램이 두 개의 고점 사이에서 중앙선 아래로 내려간 적이 없기 때문이다. 이것은 단순히 넓고 강력한 천정이라고 해야 한다. B에서 두 개의 지수이동평균은 상승하면서 매수 세력의 힘을 확인시켜주고 있다.

진입에 대한 평가

● 주간 차트
  • A—MACD 히스토그램의 상승 다이버전스: 1점
  • B—MACD선의 상승 다이버전스: 1점
  • C—접시 바닥: 1점
  • D—상향 돌파, 상승 중인 지수이동평균, MACD 히스토그램, MACD선에 의해 확인됨: 1점
● 일간 차트
  • A—강도지수의 기록적인 고점: 1점
  • B—상승하는 지수이동평균: 1점
  • C—가짜 하락 돌파: 1점
● 결정
  • 단기 지수이동평균에서 롱 포지션 매수. 이번 주의 저점 아래에 손실 제한주문을 해두고, 자금관리 원칙을 지킴: 3점
● 합격 점수: 6점

● 거래 사례 6. 빔펠 커뮤니케이션즈: 청산에 관한 해답 ●

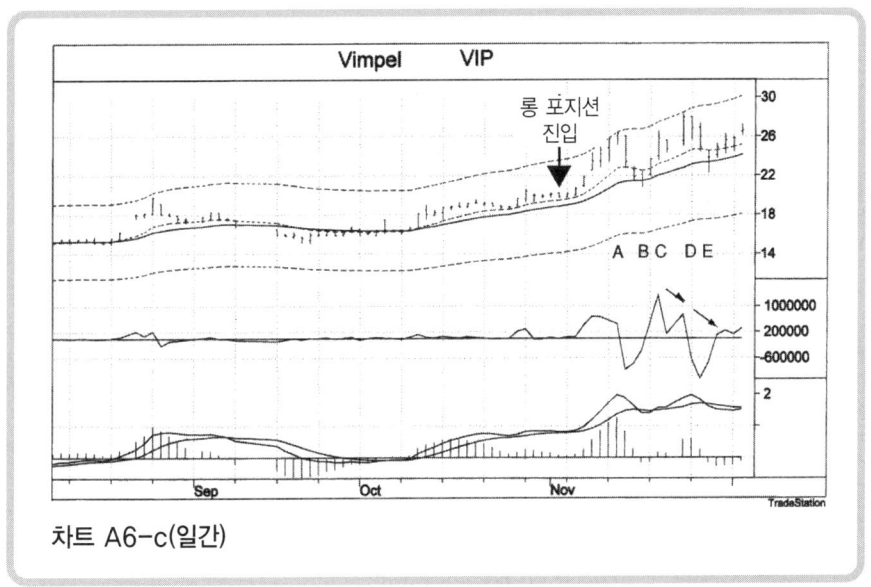

차트 A6-c(일간)

빔펠 커뮤니케이션즈는 천천히 상승하기 시작했다. 그 와중에 지수이동평균으로 후퇴하면서 가치 수준에서 롱 포지션을 매수할 수 있는 기회가 생겨났다. 그 뒤 주가는 힘을 끌어모아 영역 A에서 상단 채널선까지 도달했고, 여기서 강도지수는 몇 달 만에 새로운 고점을 형성했다. 이것은 매수세가 강력하다는 신호다. 따라서 앞으로 주가가 더 올라갈 것임을 예상할 수 있다. 이 고점을 보았을 때는 앞으로 주가 하락이 일어난다고 해도 버티면서 그대로 보유하고 싶은 마음이 들 수 있지만, 일단 주식을 처분했다가 주가가 단기 지수이동평균의 가치 매수 영역으로 되돌아왔을 때 다시 롱 포지션을 매수한다고 해도 해될 게 전혀 없다.

영역 B에서 빔펠 커뮤니케이션즈는 두 개의 지수이동평균 사이에 있는 스위트 존으로 하락했다. 일간 거래 범위는 줄어들었다. 가격이 낮아지면서 거래자들의 관심이 줄어들었기 때문이다. 주가는 영역 C에서 뛰어올랐지만 상단 채널선에 도달하지 못하고 다시 주저앉았다. 영역 D에서 다시 랠리가 일어나 좋은 매도 기회가 생겨났다. 주가는 과대평가 영역인 상단 채널선에 도달했다. 이와 동시에 그동안 주가 상승을 예측케 했던 강도지수는 하락 다이버전스 C-D를 형성했다. 매수 세력의 힘이 약해졌으며 랠리의 마지막이 다되었다는 뜻이다.

주가는 장기 지수이동평균 아래로 내려가 영역 E에서 또 다시 매수 기회를 제공했고, 이어 새로운 랠리를 시작했다. 프로와 아마추어의 중요한 차이점 한 가지는 프로들은 거래 신호를 일찍 인식한다는 것이다. 반면 아마추어들은 신호를 제대로 구별할 줄 모른다. 그들은 좀더 분명한 신호가 나타나기를 계속 기다린다. 하지만 분명한 거래 신호가 나타날 때쯤이면 그 거래는 이미 반전이 임박해 있는 법이다.

리스크는 본질적으로 두 가지 형태가 있다. 하나는 자금 리스크고 다른 하나는 정보 리스크다. 아마추어들은 자금 리스크는 쉽게 받아들인다. 그래서 추세가 명확하게 드러날 때 시장에 들어가고 손실제한주문을 멀리 해둔다. 이런 때는 추세가 분명하기 때문에 정보 리스크가 낮다. 반면 프로들은 정보 리스크를 훨씬 더 편안하게 받아들인다. 그들은 자금 리스크가 낮은 한 불확실성의 안개 속에서 쉽게 행동에 나선다.

청산에 대한 평가

● 일간 차트 A-6c
  • 영역 A에서 롱 포지션 처분: 3점

- 영역 B에서 롱 포지션 추가 매수: 3점
- 영역 C에서 롱 포지션 처분: 3점
- 영역 D에서 롱 포지션 처분: 5점
- 영역 E에서 롱 포지션 매수: 3점

● 합격 점수: 9점

● 거래 사례 7. IBM: 진입에 관한 해답 ●

IBM, 꾸준히 돈을 인출할 수 있는 블루칩

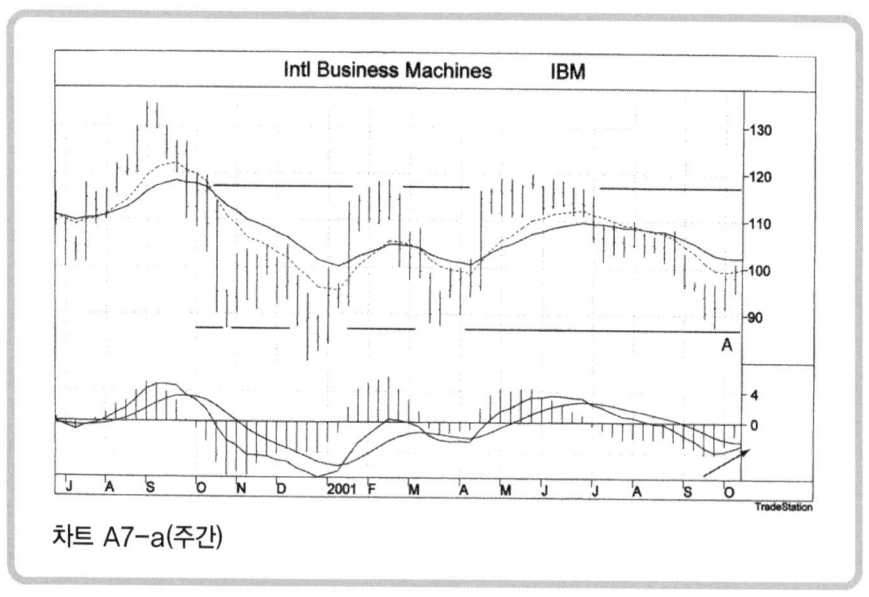

차트 A7-a(주간)

차트 A7-a를 보면 IBM이 지난 몇 년 동안 넓은 거래 범위를 형성했다는 사실을 한눈에 알아볼 수 있다. 주가가 90 아래로 떨어질 때는 바닥을 찾아야 할 시간이 된 것이고, 120 근처로 상승하면 천정을 찾아야 한다.

    차트의 오른쪽 가장자리를 보면, 영역 A에서 주가가 지지선에서 튕겨져 나와 상승해가고 있다. 이 랠리는 주간 MACD 히스토그램의 상승에 의해 확인된다. 상승 다이버전스는 없지만 주가와 MACD 히스토그램이 상승하고 있는 것을 확인하라. 단기 지수이동평균은 이미 상승 반전하며 랠리를 확인시켜주면서 임펄스 매수 신호를 보내고 있다. 한편 장기 지수이동평균

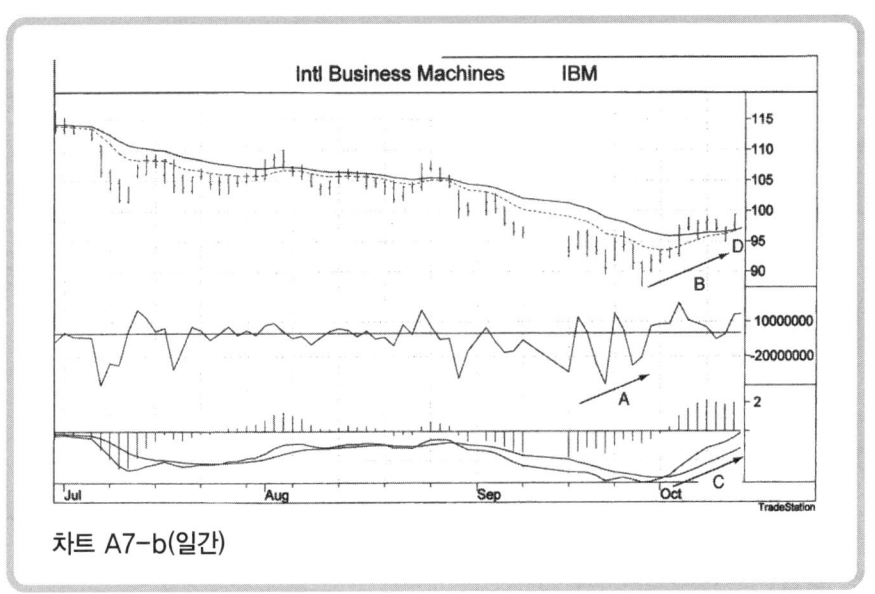

차트 A7-b(일간)

은 평평해졌다. 이는 랠리의 초기에 쉽게 일어나는 정상적인 모습이다.

IBM의 일간 차트는 9월 뉴욕 증권거래소의 거래 재개 뒤 변동성이 증가하는 것을 보여준다. 그달 말 강도지수는 상승 다이버전스 A를 형성했다. 주가가 전보다 더 낮은 바닥을 형성하는 동안 강도지수의 바닥은 더 높아졌다. 영역 B에서 강도지수는 새로운 고점을 기록하면서 계속된 가격 상승을 예고하고 있다.

이 메시지는 영역 C에서 볼 수 있는 MACD의 상승 추세에 의해 확인된다. 상승 추세는, 차트의 오른쪽 가장자리에 있는 영역 D에서 두 개의 지수이동평균이 상승하면서 또 한 번 확인된다. 마지막 가격 바의 저가는 여전히 가치 거래 영역을 형성하는 두 개의 지수이동평균에 닿아 있다.

진입에 대한 평가

● 주간 차트
- A—MACD 히스토그램의 상승 추세: 1점
- A—상승하는 13주 지수이동평균에 의해 상승 추세 확인됨: 1점

● 일간 차트
- A—강도지수의 상승 다이버전스: 1점
- B—강도지수의 기록적인 고점: 1점
- C—MACD의 상승 추세: 1점
- D—상승하는 지수이동평균: 1점

● 결정
- 단기 지수이동평균 근처에서 롱 포지션 매수. 이번 주의 저가 아래에 손실제한주문을 해두면서 자금관리 원칙을 지킴: 3점

● 합격 점수: 6점

● 거래 사례 7. IBM: 청산에 관한 해답 ●

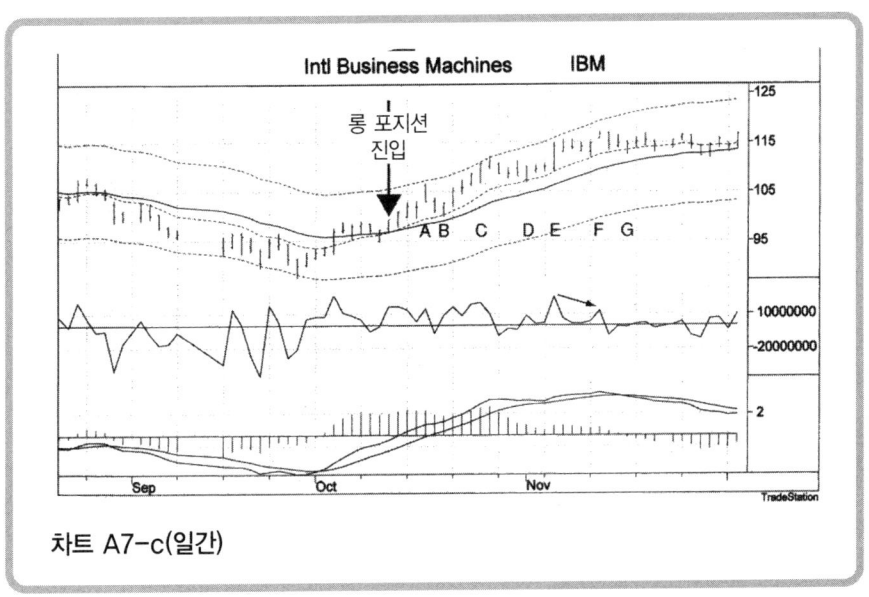

차트 A7-c(일간)

IBM은 전형적인 블루칩이다. 느리게 꾸준히 움직이며, 많은 투기주에서 볼 수 있는 급등락은 전혀 없다. IBM에서 우리는 장기 22일 지수이동평균의 기울기로 추세를 좇는 한편, 단기 13일 지수이동평균으로는 진입을 위한 가치 매수 구간을 확인해야 한다.

A에서 IBM은 상단 채널선 근처로 상승하면서 많은 매도 기회 가운데 최초의 매도 기회를 제공한다. 이틀 뒤에는 다시 하락하여 13일 지수이동평균에 닿았다. 이렇게 주가가 가치 거래 영역으로 하락하면서 다시 시장에 뛰어들 좋은 기회가 생겨났다. 첫 번째 매수 신호를 놓쳤다면 여기서 주식을 매수해야 한다. 경험이 많고 큰 규모의 포지션을 움직이는 프로 거래자는 종종 이런 하향 후퇴 때 피라미딩을 한다. 즉, 원래의 포지션을 추가 매수하여

포지션을 확대했다가 강력한 청산 신호가 나타났을 때 모두 처분해버린다.

영역 C의 랠리로 다시 이익 실현의 기회가 찾아왔다. 이때 주가가 과대평가 영역인 상단 채널선에 도달했다. 그 뒤 주가는 영역 D에서 지수이동평균으로 주저앉으며 롱 포지션을 취할 수 있는 또 한 번의 기회를 제공했다. 블루칩을 스윙 거래하는 재미는 이런 데 있다. 우리가 해야 할 일은 정말 별로 없다. 규칙적인 변동을 보이는 몇 종의 주식을 찾아다가 지수이동평균과 채널을 적절하게 그린 다음 가치 매수를 하여 과대평가 영역에서 매도하거나 아니면 가치 거래 영역에서 공매도를 하여 과소평가 영역에서 주식을 환매하면 되는 것이다.

IBM은 E로 상승하지만 상단 채널선에 도달하는 데 실패했다. 매수 세력의 힘이 약해졌다는 증거다. 이 매도 신호를 놓치면 며칠 뒤 F에서 IBM이 나가라며 요란하게 종을 흔들 것이다. 반등을 했지만 다시 상단 채널선에 도달하는 데 실패하면서 매수세의 약화를 보여주었다. 이와 동시에 강도지수는 하락 다이버전스 E-F를 형성하며 계속된 약세를 예고했다. 이것은 흔히 나타나는 강력한 매도 신호로, 프로들은 이런 신호를 기다렸다가 모든 포지션을 처분한다.

IBM은 영역 G에서 지수이동평균 근처로 다가가며 또 다시 롱 포지션 매수 기회를 제공했다. 그러나 우리가 이 신호를 취해야 하는지는 매우 의문이다. 추세는 여전히 상승세라고 하더라도, 하락 다이버전스 뒤 이렇게 곧바로 롱 포지션을 취하는 것은 결코 좋은 생각이 아니다. 곧 약세가 뒤따를 것이라고 예상할 수 있기 때문이다. 그 뒤로 IBM은 평평한 움직임을 보이면서 그전에 주식을 처분하지 않은 거래자들의 자본을 꼼짝 못하게 만들었다. 이렇게 어떤 주식에 자본이 묶이면 수익성 높은 다른 주식들에게 쏟아야 할 관심까지 묶이게 된다는 게 더 나쁜 점이다.

청산에 대한 평가

● 일간 차트 A-7c
  • 영역 A에서 롱 포지션 처분: 3점
  • 영역 B에서 롱 포지션 추가 매수: 3점
  • 영역 C에서 롱 포지션 처분: 3점
  • 영역 D에서 롱 포지션 처분: 3점
  • 영역 E에서 롱 포지션 처분: 3점
  • 영역 F에서 롱 포지션 처분: 5점
  • 영역 G에서 롱 포지션 추가 매수: 1점
● 합격 점수: 11점

● 거래 사례 8. 바이오베일 코퍼레이션: 진입에 관한 해답 ●

바이오베일 코퍼레이션, 갑작스런 급락이 일어나는 상승장

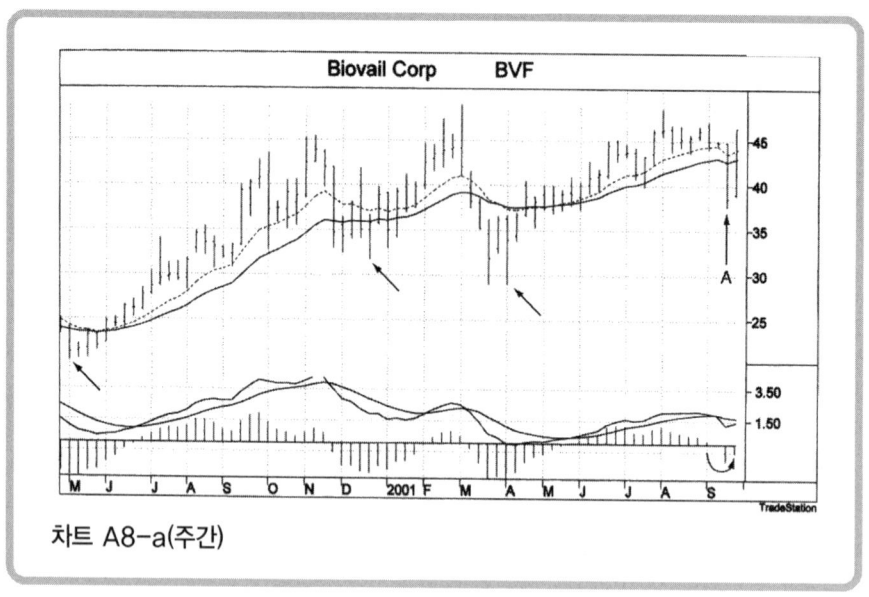

차트 A8-a(주간)

이 차트는 바이오베일 코퍼레이션의 개별적인 상승장을 보여준다. 이 주식
은 차트의 왼쪽 하단에서 오른쪽 맨 위로 상승해갔다. 하지만 이때 다른 주
식들은 사실 광범위한 하락장 가운데 있었다. 바이오베일 코퍼레이션의 상
승 추세는 갑작스런 폭락세에 의해 중단되곤 했는데, 그 피해는 몇 개월 동
안의 이익을 몇 주 만에 날려버릴 수 있을 정도로 컸다.

상승장의 파티에 너무 늦게 도착한 초보자들에게는 이런 주가 폭락이
큰 재앙이 될 수 있었다. 이 주식의 과거에 대해 충분히 알고 있는 전문가들
은 이런 하락을 매수 기회로 삼았을 것이다. 또한 이들은 신중한 손실제한주

문으로 갑작스런 주가 하락에 대비해두었을 가능성이 크다.

차트의 오른쪽 가장자리를 보면, 영역 A에서 바이오베일 코퍼레이션
은 9 · 11 직후의 급락세에서 회복한 것을 알 수 있다. 주가는 마음 약한 매
수 세력들을 털어낸 뒤 상승을 재개했다. 상승 추세는 주간 MACD 히스토
그램의 상승에 의해 확인되고, 두 개의 주간 지수이동평균도 상승 중이다.

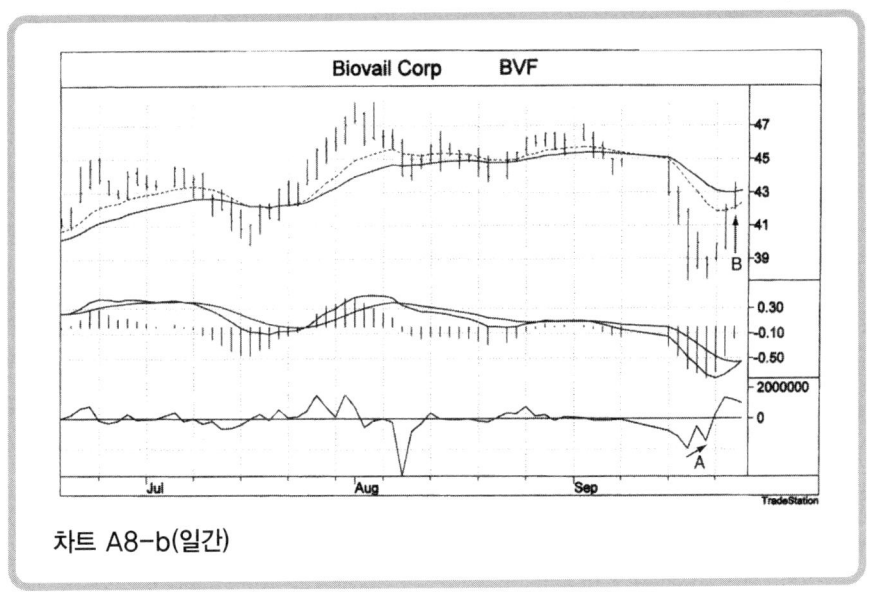

차트 A8-b(일간)

일간 차트는 9 · 11의 거래 중지 뒤 하향 변동성이 커진 것을 보여준다.
주가는 7월 저점 아래로 내려갔지만 하락이 지속되지는 못했다. 이것은 강
세 신호다. 일주일도 안 되어 더욱 강력한 강세 신호가 나타났다. 강도지수
의 상승 다이버전스가 형성된 것이다. 주가는 39 아래로 내려가며 전보다
저점이 낮아졌지만, 강도지수의 저점은 전보다 얕아졌다. 차트의 오른쪽 가
장자리에서 주가는 하락 뒤 곧바로 상승했고, 두 개의 지수이동평균은 상승

반전을 일으켰다. 이것은 또 다른 강세 신호다.

진입에 대한 평가

- 주간 차트
  - A—MACD 히스토그램의 상승: 1점
  - A—상승하는 지수이동평균에 의한 상승 추세 확인: 1점
- 일간 차트
  - A—강도지수의 상승 다이버전스: 1점
  - B—상승하는 지수이동평균: 1점
- 결정
  - 단기 지수이동평균 근처에서 롱 포지션 매수. 이번 주의 저가 아래에 손실제한주문을 해두면서 자금관리 원칙을 지킴: 3점
- 합격 점수: 5점

● 거래 사례 8. 바이오베일 코퍼레이션: 청산에 관한 해답 ●

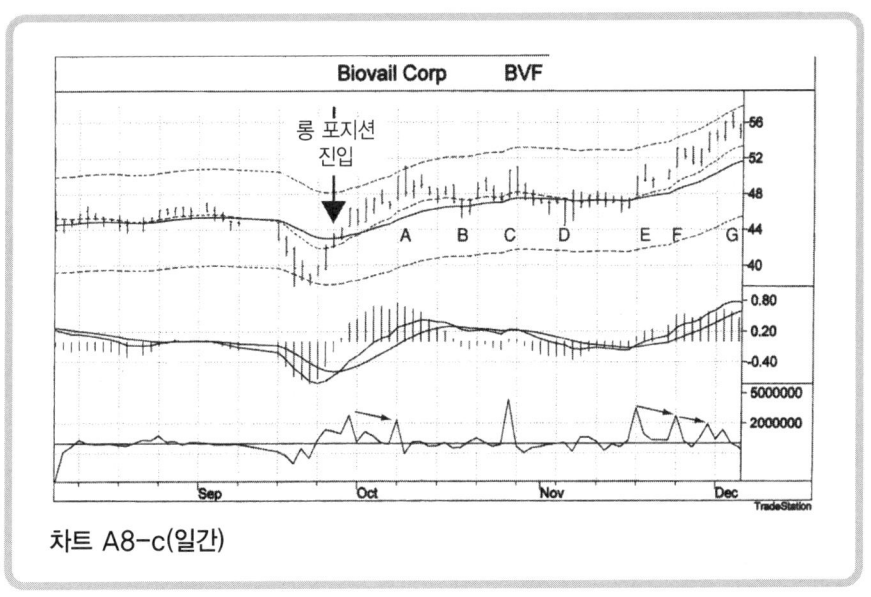

차트 A8-c(일간)

바이오베일 코퍼레이션은 9월을 지나면서 상승세에 접어들어 이익 실현 영역인 상단 채널선에 도달했다. 그동안 강도지수는 영역 A에서 하락 다이버전스를 형성했다. 그로부터 며칠 전에도 눈에 덜 띄기는 하지만 다이버전스가 형성되어 있는 것을 확인하라. 초보 거래자는 이런 패턴을 보면 일찍 이익을 취하는 게 좋다. 물론 경험 많은 거래자는 주식을 그대로 가지고 있기도 한다.

거래자의 발전 과정 중 초기 단계에서 이익을 취하는 법을 배우는 것은 매우 중요하다. 테이블에 계속 돈을 놔두고 있다가 나중에 후회하는 일이 없도록 해야 한다. 최대의 이익을 얻기 위해서는 주식을 계속 보유하고 있어야 하겠지만, 그런 기술은 나중에 경험이 많이 쌓였을 때 배우는 것이 좋다.

주가는 영역 B에서 22일 지수이동평균 아래로 내려가, 가치 영역 아래에서 주식을 매수할 수 있는 기회를 제공했다. 그러고는 영역 C에서 다시 상승했다. 이런 상승으로 주가가 상단 채널선에 도달하지는 못했지만, 강도지수가 대단히 높은 고점을 형성하여 매수세가 여전히 강력하며 앞으로도 상승이 이어질 것임을 보여주고 있다.

영역 C에서 이익을 취해도 괜찮지만, 주식을 좀더 갖고 있는 편이 좋다. 강도지수의 이런 예외적인 고점은 매수세가 매우 강력하며 상승세가 계속될 가능성이 높다는 것을 알려주기 때문이다.

바이오베일 코퍼레이션은 영역 D에서 지수이동평균 아래로 내려갔다. 주가가 지수이동평균을 반복적으로 침범하고 있는 것에 주목하라. 이런 패턴을 인식했다면 과거의 데이터로 평균 침범값을 구한 다음 지수이동평균으로부터 그만큼 떨어진 가격에 매수 주문을 내라.

바이오베일은 영역 E, F, G에서 다시 상승했다. 이런 상승으로 주가가 상단 채널선에 도달하지 못했다는 것을 확인하라. 매수세가 약하다는 뜻이다. 이와 동시에 강도지수는 점차 낮아지는 고점을 형성했다. 이런 하락 다이버전스는 천정이 가까웠다는 사실을 말해준다. 영역 C의 예외적인 고점을 돌아보라. 이런 고점은 강력한 매수 세력의 힘을 나타내고 상승이 지속되리라는 것을 예고하는데, 이런 예고는 이미 성취되었다. 그리고 이제 영역 F와 G에서는 반대의 메시지가 나타났다. 바로 천정이 다가왔다는 메시지다.

좋은 기술적 지표는 자동차의 전조등 같은 것이다. 집으로 가는 길 전체를 비춰주지는 않지만, 충분히 먼 거리를 밝혀준다. 그래서 당신이 정상적인 속도로 운전하면서 다음에 길 위에서 무엇이 나타날지 예측할 수 있도록 도와준다.

청산에 대한 평가

● 일간 차트 A-8c
- 영역 A에서 롱 포지션 처분: 5점
- 영역 B에서 롱 포지션 추가 매수: 3점
- 영역 C에서 롱 포지션 처분: 3점
- 영역 D에서 롱 포지션 추가 매수: 3점
- 영역 E에서 롱 포지션 처분: 3점
- 영역 F에서 롱 포지션 처분: 5점
- 영역 G에서 롱 포지션 추가 매수: 1점
● 합격 점수 13점

주식을 거래하는 법은 누구나 배울 수 있다. 하지만 우선 자제심과 리스크를 감내할 수 있는 능력, 숫자 감각 같은 기본적인 능력이 필요하다. 지식도 필요한데, 열심히 공부하면 충분히 얻을 수 있다. 어쨌든 이 스터디 가이드를 마쳤다면, 당신이 성공적인 거래자가 되기 위해 필요로 하는 것을 모두 갖추고 있다는 것은 증명이 된 셈이다.

이제는 실제 거래를 위한 작업에 시간과 에너지를 쏟아야 할 시간이다. 기록 작성 시스템을 고안하고, 자금관리 원칙을 세우고, 거래 계획을 작성해야 한다. 해야 할 일이 많긴 하지만, 주식 거래는 정말로 대단히 흥미로운 도전이 될 것이다. 또한 제대로만 한다면, 그 보상은 눈이 휘둥그레질 정도일 것이다.

나는 이 연습용 문제들을 만들면서 큰 즐거움을 누렸다. 내가 개발한 기법을 처음 배우고 시험하고 또 평가해준 사람들은 바로 내 트레이더 캠프에 참가했던 사람들이다. 이들 외에도 두 명에게 감사를 전하고 싶다. 그 둘은 자신이 하던 일을 제쳐두고 내가 이 책을 완성하는 데 도움을 주었다. 뉴욕의 기술적 분석가이자 투자 매니저인 프레드 슈츠먼Fred Schutzman은 오래된 친한 친구로, 이 책의 모든 문제를 직접 풀어보고 점수를 매긴 다음, 고치거나 추가적인 설명이 필요한 문제와 답들에 대해 지적을 해주었다. 분석과 거래에 관한 한, 완전하지 못한 것은 어떤 것도 프레드의 눈을 벗어날 수 없다! 현재 파리에 있는 큰딸 미리엄은 저널리스트이자 대학원생인데, 빨간 펜을 들고 내가 쓴 글을 교정해주었다. 사실 영어는 내가 세 번째로 배운 언어다. 잠잘 때 침대 맡에서 내가 『넌 할 수 있어, 꼬마 기관차』를 읽어주곤 했던 딸인데, 이제 그 꼬마 숙녀(이제 더 이상 꼬마도 아니지만)가 다 커서 아버지의 글을 고쳐주고 있는 것이다.

당신이 이 책을 마쳤다고 해서 우리가 마지막 인사를 나눌 필요는 없을 것이다. 내가 트레이더 캠프를 계속 운영하는 한, 당신에게는 언제든 일주일간 캠프에 참가할 기회가 있다. 그러면 우리는 거래에 관해 함께 연구하고 얘기를 나눌 수 있을 것이다. 내가 당신에게 여러 가지 새로 발견한 사실과 개념들을 알려준 것처럼 당신도 나에게 당신이 알고 있는 많은 사실과 개념들을 전해주기 바란다. 이제 나는 트레이딩 룸으로 돌아가면서 당신의 성공을 기원하고자 한다.

알렉산더 엘더
뉴욕, 2002년 2월

📖 참고문헌

- Appel, Gerald. *Day-Trading with Gerald Appel*(video) (New York: Financial Trading, 1989).
- Douglas, Mark. *The Disciplined Trader* (New York: New York Institute of Finance, 1990).
- Elder, Alexander. *Come Into My Trading Room: A Complete Guide to Trading*(New York: John Wiley & Sons, 2002).
- Elder, Alexander. *Study Guide for Trading for a Living* (New York: John Wiley & Sons, 1993).
- Elder, Alexander. *Trading for a Living* (New York: John Wiley & Sons, 1993).
- Kaufman, Perry J. *Smarter Trading*(New York: McGraw-Hill, 1995).
- LeBeau, Charles, and David W. Lucas. *Technical Traders Guide to Computer Analysis of the Futures Market* (New York: McGraw-Hill, 1991).
- LeFevre, Edwin. *Reminiscence of a Stock Operater*

(New York: George H. Doran Company, 1923).

- McMillan, Lawrence G. *Options as a Strategic Investment*, 3rd ed. (New York: New York Institute of Finance, 1999).
- Murphy, John J. *Technical Analysis of the Financial Markets* (Englewood Cliffs, NJ: Prentice-Hall, 1999).
- Schabacker, Richard W. *Technical Analysis and Stock Market Profits*(London: Pearson Professional, 1997).
- Teweles, Richard J., and Frank J. Jones. *The Futures Game*, 3rd ed.(New York: McGraw-Hill, 1998).
- Vince, Ralph. *Portfolio Management Formulas* (New York: John Wiley & Sons, 1990).

의학박사 알렉산더 엘더는 뉴욕에 거주하는 전문 거래자이며, 거래자들 사이에서 현대의 고전으로 간주되는 『Trading for a Living』의 저자이기도 하다. 1993년에 출간된 이 세계적 베스트셀러는 중국어, 네덜란드어, 프랑스어, 독일어, 그리스어, 일본어, 한국어, 폴란드어, 러시아어로 번역되었다. 그는 또한 『루블에서 달러로 Rubles to Dollars』를 썼는데 러시아의 변화를 다룬 책이다.

엘더 박사는 레닌그라드에서 태어나 에스토니아에서 자랐으며, 이곳에서 열여섯 살에 의과대학에 진학했다. 그리고 선의船醫로 일하던 스물세 살 때 아프리카에 정박해 있던 소련 선박에서 뛰어내려 미국으로 망명했다. 뉴욕 시에서 정신과 의사로 일했고, 컬럼비아 대학교에서 학생들을 가르치기도 했다. 정신과 의사로서의 경험 덕분에 그는 거래 심리를 꿰뚫어보는 독특한 통찰력을 얻게 되었다. 그의 저서와 기고문, 소프트웨어에 대한 논평 등은 그에게 현존하는 최고의 전문 거래자 중 한 명이라는 명성을 가져다주었다.

엘더 박사는 컨퍼런스의 환영받는 강사이고 트레이더 캠프—거래자들을 위한 일주일간의 수업—의 창시자이기도 하다. 독자들은 언제라도 좋으니 글이나 전화로 엘더의 온라인 정보지 무료 구독을 신청하기 바란다.

Financial Trading, Inc.
P.O. Box 20555, Columbus Circle Station
New York, NY 10023, USA
Tel. 718-507-1033, Fax. 718-639-8889
e-mail: info@elder.com
website: www.elder.com

옮긴이 | 조윤정

연세대학교 지질학과를 졸업하고 중앙일보 신춘문예에서 단편소설이 당선되어 등단했다. 현재 글쓰기와 번역 작업에 전념하고 있다. 옮긴 책으로『차트로 주식투자하는 법』『캔들차트 투자기법』『차트 패턴』『윌리엄 오닐의 공매도 투자기법』『역발상의 기술』등 다수가 있다.

스터디 가이드
나의 트레이딩 룸으로 오라!

초판 1쇄 2009년 10월 2일
초판 6쇄 2023년 9월 25일

지은이 | 알렉산더 엘더

펴낸곳 | (주)이레미디어
전화 | 031-908-8516(편집부), 031-919-8511(주문 및 관리)
팩스 | 0303-0515-8907
주소 | 경기도 파주시 문예로 21, 2층
홈페이지 | www.iremedia.co.kr
이메일 | mango@mangou.co.kr
등록 | 제396-2004-35호

기획편집 | 공순례, 김윤정
디자인 | 오렌지
마케팅 | 김하경

ISBN | 978-89-91998-31-5 03320
가격 | 12,000원